Oscar Hofman

Praxisbuch klassische medizinische Astrologie

Standardwerke der Astrologie

Oscar Hofman

Praxisbuch klassische medizinische Astrologie

Ein Weg zur Diagnose und Behandlung im Horoskop

Übersetzung aus dem Niederländischen von Johanna Ballhaus

CHIRON VERLAG

SOLI DEO GLORIA!

Alle Angaben in diesem Buch sind vom Autor sorgfältig erwogen und geprüft worden. Dennoch kann eine Gewährleistung jeglicher Art nicht übernommen werden. Eine Haftung für Personen-, Sach- Vermögens- oder sonstige Schäden ist ausgeschlossen. Die medizinische Astrologie ersetzt nicht den Besuch beim Arzt oder Heilpraktiker. Personen mit gesundheitlichen Beschwerden sollten alle therapeutischen Maßnahmen mit ihrem Arzt besprechen und auch gegebenenfalls die bei Heilmitteln anzuwendenden Gebrauchshinweise beachten.

978-3-89773-267-2

Umschlag: Judith Hamann, Tübingen
Druck: SDL, Berlin

Zu beziehen über:
Chiron Verlag, Postfach 1250, D-72002 Tübingen
www.chironverlag.com

Inhalt

Vorwort

Es ist nun zehn Jahre her, dass mein erstes Buch KLASSISCHE MEDIZINISCHE ASTROLOGIE – HEILUNG MIT DEN ELEMENTEN herauskam. Das Buch konnte auf der ganzen Welt auf ein herzliches Willkommen zählen und Übersetzungen erschienen schnell auf Deutsch, Französisch, Englisch, Russisch und Chinesisch. Die Prinzipien der klassischen medizinisch-astrologischen Diagnose und Behandlung wurden in diesem Buch erklärt. Dies geschah auf der Grundlage von praktischen Erfahrungen mit der tatsächlichen Behandlung von Klienten und nicht allein auf der Grundlage von Texten in alten Schriften. Leider bezieht sich die klassische medizinische Astrologie immer noch zu oft auf die wörtliche Wiedergabe alter Texte, während der einzige Mensch, der wirklich das Recht hat zu sprechen, derjenige medizinische Astrologe ist, der tatsächlich Menschen behandelt. Denn vieles von dem, was in den alten Texten steht, funktioniert nicht oder ist nicht korrekt. Die Praxis ist der eigentliche Prüfstein.

Im vorliegenden Buch geht es um die praktische Behandlung. Nach vielen Jahren des Praktizierens ist es nun an der Zeit, die Behandlungsmöglichkeiten intensiv dazustellen. Bekannte und weniger bekannte Behandlungsverfahren und Mittel werden durch ihre astrologische Signatur mit den Begriffen verbunden, in denen die Diagnose auf der Grundlage des Horoskops erfolgt. Die Behandlungsmethoden können auf diese Art und Weise direkt auf der medizinisch-astrologischen Diagnose basieren. Das erhöht ihre Effektivität enorm.

Zum Beispiel gibt es Kräuter für die Leber, aber einige sind kühlend und einige wärmend und es ist wichtig, diesen Unterschied zu berücksichtigen. Ein besonderer Teil dieses Buches ist die Verbindung mit den beiden wichtigsten nicht-westlichen Traditionen, der chinesischen Medizin und der ayurvedischen Heilkunde aus Indien.

Alle Traditionen basieren auf den fünf Elementen und so ist es möglich, Verbindungen zu knüpfen und Türen zu öffnen, die einen Blick auf eine unerwartet breite Perspektive ermöglichen. Dies bringt eine ganze Reihe von zusätzlichen Methoden und Mittel in die Reichweite des medizinischen Astrologen.

Ich schreibe dieses Buch in der Hoffnung, dass unsere alte »himmlische Kunst« weiter dazu beitragen kann, Leiden zu lindern und ich möchte es allen Heilkundigen widmen, die diesen Weg vor mir gegangen sind, und besonders allen, die noch kommen werden.

Oscar Hofman
Gorinchem, im März 2019

Diagnose mit dem Horoskop

Die Methode, die verwendet wurde, um die Diagnose einer medizinischen Frage anhand des Horoskops zu erstellen, wurde ausführlich in meinem ersten Buch KLASSISCHE MEDIZINISCHE ASTROLOGIE dargelegt.

Da man jedoch ohne Grundkenntnisse die Methode dieses Buches nicht optimal befolgen kann, werden die Prinzipien in dieser Einleitung nochmals kurz erläutert. Der Zweck einer astrologischen Diagnose ist es, den Planeten zu finden, der die Ursache der Krankheit ist. Diese Ursache wird immer als Kombination einer gestörten Planetenenergie und des Überschusses eines der Elemente oder der Humores formuliert. Es ist der Überschuss eines der vier Humores, der den Energiefluss des Planeten gestört hat. Die Behandlung konzentriert sich immer darauf, den Planeten und den entsprechenden Humor wieder ins Gleichgewicht zu bringen.

Die Humores sind die bekannten vier Elemente, aber dann in ihrer medizinischen Wirkung im Körper. Sie sind daher nicht völlig identisch mit der reinen Form der Elemente, sondern sie sind direkt von ihnen abgeleitet.

- Das *Feuerelement* wird als Humor die heiße und trockene gelbe Galle genannt,
- das *Wasserelement* wird als Humor der kalte und feuchte Schleim oder Phlegma genannt,
- das *Erdelement* wird als Humor die kalte und trockene schwarze Galle genannt und
- das *Luftelement* wird als Humor das warme und feuchte Blut genannt.

Die Lehre von den Humores (Körpersäften) ist sehr alt, die ersten Spuren davon finden sich in der ägyptischen Medizin und in einer etwas anderen Form kommt sie in der ayurvedischen Medizin aus Indien vor.

Neben den Elementen bzw. Humores können auch die Planeten auf Basis der Grundeigenschaften heiß/kalt und trocken/feucht charakterisiert werden. Die Anordnung der Planeten auf der Grundlage der vier Qualitäten hat mit der Beziehung zwischen den Planeten und den Zeichen zu tun. In der medizinischen Astrologie geht es grundsätzlich um diese Beziehung. Die Zeichen beschreiben die allgemeinen Potenziale, die Möglichkeiten, wie sie im Kosmos Gestalt annehmen können. Die Planeten sind jedoch die dynamischen, prägenden Kräfte, die diese Potenziale auf der Erde formen.

In gewissem Sinne sind also Planeten aus dem gleichen Material wie die Zeichen aufgebaut, aber sie repräsentieren diese Kräfte der Elemente in einer anderen, konkreteren und fokusierteren Form. Weil sie aus dem gleichen Material bestehen, haben sie die humorale Natur unten.

- Die Feuerplaneten Sonne und Mars sind heiß und trocken.
- Die Wasserplaneten Venus und Mond sind kalt und feucht.
- Die Erdplaneten Saturn und Merkur sind kalt und trocken.
- Der Luftplanet Jupiter ist heiß und feucht.

Das Einzige, was im Plan der Planeten und Qualitäten Erstaunen auslösen könnte, ist der kalte und trockene Charakter des so aktiven und flexiblen Merkur. Es gibt jedoch einen Grund dafür. Der Planet ist trocken, weil er sich nicht wirklich dauerhaft verbindet. Eine echte Verbindung wird durch Feuchtigkeit beschrieben, weil Feuchtigkeit immer anhaftet. Trotz der Tatsache, dass Merkur überall hinkommt, bleiben seine Besuche kurz und die Verbindung ist nicht dauerhaft. Merkur ist auch kalt, weil er anderswo keine Energie – wie zum Beispiel der heiße Mars – hinzufügt, er hat nur eine leitende Funktion, er stellt die Verbindung her, aber das ist es dann auch.

Da die medizinische Astrologie auf den Gegensätzen heiß/kalt, trocken/feucht basiert, ist die Natur des Planeten entscheidend für die Diagnose. Dies muss immer in die medizinische Analyse mit einbezogen werden. Allerdings gibt es Unterschiede in der Stärke: Saturn ist kälter und trockener als Merkur, der Mond ist kälter und feuchter als die Venus und der Mars ist heißer und trockener als die Sonne. Es liegt auf der Hand, dass die Zeichen auch auf ihre Elemente zurückzuführen sind.

- Feuerzeichen sind heiß und trocken,
- die Erde ist kalt und trocken,
- das Wasser ist kalt und feucht und
- die Luft ist heiß und feucht.

Jetzt haben wir alle Grundkenntnisse, um mit der Diagnose praktisch anzufangen.

Methode der Diagnose

Was passiert genau, wenn eine medizinische Frage an den Stundenastrologgen gestellt wird? Der Klient meldet sich per Telefon oder E-Mail und beschreibt sein Problem. Die Zeit, die gebraucht wird, um das Fragehoroskop zu erstellen, ist der Moment, in dem die Frage vom Astrologen grundsätzlich verstanden wird. Die Art, wie die Frage beim Astrologen ankommt, ist hier nicht wichtig. In dem Moment, in dem die Frage vom Astrologen eindeutig verstanden worden ist, wird sie »geboren«, und wenn etwas geboren wird, kann auf den Zeitpunkt ein Horoskop erstellt werden.

Aber was ist es nun eigentlich, was der Klient dem Astrologen vorlegt? Die Frage des Klienten ist: Was stimmt nicht mit meinem Körper? Was hat mir so geschadet, dass ich krank bin? Der Körper, um den es geht, wird im Horoskop vom Herrn des 1. Hauses angezeigt, das ist der wichtigste Faktor und nicht der Herr des 6. Hauses der Krankheit, wie so oft gesagt wird. Der Einsatz von Haus und Herr 6 sollte in medizinischen Stundenhoroskopen vermieden werden, er führt in fast allen Fällen zu einer falschen Diagnose mit allen Konsequenzen.

Der Grund dafür ist die Natur der Stundenastrologie. Ein Horoskop mit der Frage nach dem kranken Körper zeigt in seiner Gesamtheit genau das: den kranken Körper und die Einflüsse und

Entwicklungen, die daran arbeiten. Das Stundenhoroskop beschreibt in der Tat die Krankheitssituation und daher ist kein spezielles Haus erforderlich, um dies anzuzeigen. Der Körper entspricht grundsätzlich dem 1. Haus. Dies ist der große Vorteil und die Kraft der Stundenastrologie, die immer ganz auf die Situation um die Frage herum ausgerichtet ist.

Analyse

Die Anwendung der diagnostischen Methode der medizinischen Stundenastrologie ist normalerweise einfach, dennoch kann sie in einigen Fällen durchaus auch kompliziert werden. Es funktioniert wie folgt: Zuerst wird bestimmt, welcher Planet im Stundenhoroskop der Herrscher des ersten Hauses ist. Das steht für der kranken Körper des Fragestellers. Dann wird die humorale Natur des Planeten, der Herr von 1 ist, mit der humoralen Natur des Zeichens verglichen, in dem Herr 1 steht. Ist der Körper zum Beispiel vertreten durch Herr 1 Merkur im Widder, dann haben wir einen kalten, trockenen Planeten (Merkur) in einem heißen und trockenen Zeichen (im Widder).

Wenn die humorale Natur des Planeten nicht mit der des Zeichens übereinstimmt, dann befindet sich Herr 1 in einer Umgebung, in der er sich nicht zu Hause fühlt. Deshalb ist er krank geworden. Weil die Zeichen nichts mehr als der Hintergrund für die Planeten sind, wird der Dispositor des Zeichens, in dem der Herr von 1 steht, betrachtet. Dieser Planet ist die Krankheitsursache, denn er hat als Dispositor eine große Macht über den Körper. Wenn Merkur im Widder der Herr von 1 ist, ist die Position des Dispositors Mars die Ursache der Krankheit.

Angenommen, der Dispositor von Merkur im Widder – also Mars – steht im Zeichen Krebs. Dann ist Mars im Krebs die Ursache der Krankheit. Diese Position des Planeten im Zeichen beschreibt die Krankheit nicht nur, das ist die Krankheit. Die folgende allgemeine Regel besagt, dass die Art des Zeichens, in dem die

Krankheitsursache steht, angibt, welcher Humor oder welches Element im Übermaß vorhanden ist. Wenn Mars im Wasserzeichen Krebs steht, dann ist das Wasserelement die Ursache der Krankheit. Es gibt also einen Überschuss, ein Zuviel an Schleim oder Phlegma und das ist die tiefste Ursache des Problems.

Natürlich ist der Planet hier auch wichtig. Das Zeichen zeigt den Hintergrund an, die tiefere Ebene, aber dies hat auch Einfluss auf den Planeten. Was im Fall von »Mars im Krebs« Krankheit bedeutet, ist der überschüssige Schleim, der vom Krebs angezeigt wird, der den Energiestrom des Mars aus dem Gleichgewicht gebracht hat. Dieser unausgeglichene Mars ist Teil des Problems, ein Teil der Krankheit. Dies kann sich auch in bestimmten feurigen Symptomen zeigen, aber das bedeutet nicht, dass es sich notwendigerweise um eine Feuerkrankheit handelt.

Ein Buch, das bei der weiteren Verschärfung der Diagnose von großem Wert ist, ist das von Richard Saunders THE ASTROLOGICAL JUDGEMENT AND PRACTICE OF PHYSICK, erschienen 1677. Dieses Buch ist eine wahre Fundgrube für medizinisches Wissen, das in der Praxis sehr effektiv ist, und es besteht aus drei Teilen. Der zweite Teil dieses Buches ist sehr praktisch und kann bei der Diagnose nützlich sein. Saunders liefert eine Krankheitsbeschreibung für jede mögliche planetare Position in einem Zeichen.

Nehmen wir an, Mars im Krebs sei die Ursache der Krankheit, dann kann diese Position in einer Liste im Kapitel über die Positionen des Mars als Krankheitsursache nachgeschlagen werden. Bei Mars im Krebs ist die Hauptursache zu viel Schleim oder Wasser, das vom Wasserzeichen Krebs kommt. Als eine zweite zusätzliche Ursache wird Feuer oder gelbe Galle vom Feuerplaneten Mars erwähnt. Die Krankheit kann sich daher äußerlich als ein entzündliches Phänomen (Mars) manifestieren, aber die tiefste Ursache bleibt der überschüssige Schleim.

Saunders zeigt nicht nur die Ursache je Planetenposition in Bezug auf die Humores an, sondern auch die Schwere des Problems. Traditionell wird hierfür eine Einteilung in vier Grad verwendet. Der erste Grad weist auf eine leichte Störung des Gleichgewichts der Körpersäfte hin, der zweite und dritte Grad deuten auf ernstere Probleme, und der vierte Grad ist oft unheilbar oder tödlich. Der Grad der Gleichgewichtsstörung nimmt zu, wenn wir uns weiter in den Tierkreis hinein bewegen.

Das bedeutet, dass ein Planet im Widder auf einen leichten Überschuss an gelber Galle hinweist, während derselbe Planet im Löwen bereits ernster ist und ein Planet im Schützen einen schweren, möglicherweise unheilbaren Überschuss anzeigt. Dieses Muster gilt auch für die drei anderen Humores, also ergeben die Fische viel mehr Schleim als Krebs. Mit dem Stundenhoroskop und ergänzend mit dem Buch von Saunders können eine effektive Diagnose erstellt und Ratschläge für die Behandlung gegeben werden.

Ausnahmefälle

Mit der oben beschriebenen Methode können viele medizinischen Horoskope analysiert und wirksame Behandlungshinweise erstellt werden. Es gibt jedoch Ausnahmefälle, in denen die Standardmethode nicht angewendet werden kann. Diese Ausnahmen fallen in zwei Kategorien:

- Fall 1: der Planet, der Herr 1 ist, steht in einem Zeichen, das seiner humoralen Natur entspricht, und
- Fall 2: der Planet, der Herr 1 ist, steht in einem Zeichen steht, über das er selbst herrscht.

Ein Beispiel für die erste Kategorie eines Planeten, der in einem Zeichen steht, zu dem er passt, ist beispielsweise Merkur im Steinbock. Dies ist ein kalter und trockener Planet, der in einem kalten und trockenen Zeichen steht. Das heißt, der Grund, warum der Körper aus dem Gleichgewicht geraten ist, wird nicht unbedingt vom Steinbock-Dispositoren Saturn bestimmt. In einem solchen Fall muss das Horoskop weiter auf Faktoren untersucht werden, die dem Körper, dem Herrn von 1 schaden. Die Kandidaten für die Ursache der Krankheit sind: Planeten, die gerade einen Aspekt mit dem Herrn von 1 gemacht haben, Planeten, die in negativer Rezeption mit dem Herrn von 1 stehen (siehe weiter unten in diesem Kapitel), Planeten, mit denen der Mond gerade einen Aspekt gebildet hat, oder der Dispositor von Herr 1. Die Sonne kann die Krankheit anzeigen, wenn diese den Herrn von 1 verbrennt, und es kann auch die Ursache der Krankheit der Herr von 1 selbst sein oder ein Planet, der im Horoskop stark betont wird.

Man muss eben suchen in diesen Fällen, aber fast immer kann die Ursache der Krankheit festgestellt werden. Oft wird deutlich, dass es im Horoskop einen Planeten gibt, der dem Herrn von 1, also dem Körper, durch eine negative Rezeption schadet und der gerade einen Aspekt mit dem Mond gebildet hat. Dann ist es so, als ob das Horoskop mit zwei Fingern auf die Ursache zeigt und sagt: Der ist es! Das hört sich vielleicht kompliziert an, aber in der Praxis kommt es fast nie vor, dass diese zusätzlichen Techniken die Ursache der Krankheit nicht klar aufzeigen.

Die zweite Kategorie, die von der Standardmethode abweicht, ist der Fall, dass Herr 1 selbst das Zeichen beherrscht, in dem er steht, zum Beispiel Venus in der Waage. Er ist dann sein eigener Dispositor und es ist möglich, dass er selbst der Indikator der Krankheit ist. Aber genau wie in der vorherigen Kategorie muss das Horoskop vollständig auf potenziell schädliche Aspekte, aktuelle Mondaspekte, negative Rezeptionen und Verbrennung überprüft werden. Wenn keine Beweise gefunden werden, dass ein anderer Planet die Ursache der Krankheit ist, wird der Planet, der Herr 1 ist, sowohl den Körper als auch die Krankheit anzeigen. Dies wird besonders dann der Fall sein, wenn der Planet rückläufig ist oder wenn das Zeichen humoral gesehen nicht mit dem Herrn von 1 übereinstimmt, zum Beispiel der heiße und trockene Mars im feuchten und kalten Skorpion.

Der Mond hat in den medizinischen Stundenhoroskopen nur eine sekundäre Bedeutung. Er zeigt hauptsächlich, was den Fragenden emotional beschäftigt, und nicht, was mit dem Körper nicht stimmt, wofür der Herr 1 der wichtigste Faktor ist. Der Mond kann auch anzeigen, was gerade passiert ist, und daher kann der jüngste

Mondaspekt zusätzliche Informationen über ein Symptom oder über einen anderen Faktor liefern, der bei der Krankheit eine Rolle spielt. Jedoch kann der Mond allein nicht die tatsächliche, tiefere Ursache der Krankheit zeigen. Dabei unterscheidet sich die medizinische Stundenastrologie von der herkömmlichen Stundenastrologie, bei der der Mond voll als Signifikator des Fragenden zählt.

Rezeptionen

Da Rezeptionen so wichtig sind, folgt unten eine kurze Wiederholung der Methode, diese zu interpretieren. Rezeptionen zeigen, wie Planeten miteinander interagieren, ob sie sich gegenseitig schaden oder ob sie sich gegenseitig günstig beeinflussen. Um diese Einflüsse zu bestimmen, bedarf es der Würdenordnung. Wie dies funktioniert, kann am besten anhand eines Beispiels veranschaulicht werden. Angenommen, ein Klient hat eine Frage zu einer Krankheit und Merkur im Widder scheint die Ursache der Krankheit zu sein. Dann können die stärksten Rezeptionen, die Merkur durch das Zeichen Widder macht, die Deutung weiterführen. Dies zeigt die Auswirkungen, die die Krankheit (Merkur im Widder) auf den Körper hat.

Die allgemeine Regel hier ist, dass ein Planet in einem Zeichen den Herrscher dieses Zeichens und den Planeten, der darin erhöht ist, positiv beeinflusst. Die Planeten, die in diesem Zeichen im Fall oder in ihrer Vernichtung stehen, beeinflusst der Planet negativ. Merkur im Widder hat einen negativen Einfluss auf die Venus (Vernichtung im Widder) und Saturn (im Fall im Widder). Positiv wirkt Merkur auf Mars (Mars herrscht im Widder) und die Sonne (sie ist im Widder erhöht).

Da es in diesem Buch um medizinische Horoskope und Krankheitsursachen geht, sind die negativen Rezeptionen oft die wichtigsten. Sie zeigen, wo sich die Ursache der Krankheit manifestiert.

Wenn es aber um die Frage geht, ob eine bestimmte Behandlung, die durch Merkur angezeigt wird, helfen würde, dann könnte eine positive Rezeption auch sehr wichtig sein.

Zeichen	Domizil	Erhöhung	Triplizität		Grenzen nach Ptolemäus					Gesichter			Exil	Fall	Zeichen
			Tag	Nacht						-10	-20	-30			
♈	♂ T	☉ 19	☉	♃	♃ 6	♀ 14	☿ 21	♂ 26	♄ 30	♂	☉	♀	♀	♄ 21	♈
♉	♀ N	☽ 3	♀	☽	♀ 8	☿ 15	♃ 22	♄ 26	♂ 30	☿	☽	♄	♂		♉
♊	☿ T		♄	☿	☿ 7	♃ 14	♀ 21	♄ 25	♂ 30	♃	♂	☉	♃		♊
♋	☽ T/N	♃ 15	♂	♂	♂ 6	♃ 13	☿ 20	♀ 27	♄ 30	♀	☿	☽	♄	♂ 28	♋
♌	☉ T/N		☉	♃	♄ 6	☿ 13	♀ 19	♃ 25	♂ 30	♄	♃	♂	♄		♌
♍	☿ N	☿ 15	♀	☽	☿ 7	♀ 13	♃ 18	♄ 24	♂ 30	☉	♀	☿	♃	♀ 24	♍
♎	♀ T	♄ 21	♄	☿	♄ 6	♀ 11	♃ 19	☿ 24	♂ 30	☽	♄	♃	♂	☉ 19	♎
♏	♂ N		♂	♂	♂ 6	♃ 14	♀ 21	☿ 27	♄ 30	♂	☉	♀	♀	☽ 3	♏
♐	♃ T		☉	♃	♃ 8	♀ 14	☿ 19	♄ 25	♂ 30	☿	☽	♄	☿		♐
♑	♄ N	♂ 28	♀	☽	♀ 6	☿ 12	♃ 19	♂ 25	♄ 30	♃	♂	☉	☽	♃ 15	♑
♒	♄ T		♄	☿	♄ 6	☿ 12	♀ 20	♃ 25	♂ 30	♀	☿	☽	☉		♒
♓	♃ N	♀ 27	♂	♂	♀ 8	♃ 14	☿ 20	♂ 26	♄ 30	♄	♃	♂	☿	☿ 15	♓

Abbildung 1: Klassische Würden nach Ptolemäus

Sie zeigt dann an, wo die Behandlung oder die Operation einen positiven Einfluss hat. Durch das Netzwerk der Rezeptionen können die Einflüsse der Planeten aufeinander aufgezeigt werden, was immer sehr wichtig und manchmal sogar entscheidend ist. Eine solche Rezeptionsanalyse muss daher immer durchgeführt werden. In der Regel reicht es aus, die stärksten Rezeptionen zu beobachten: Fall, Exil, Erhöhung und Zeichenherrschaft zeigen meist die wichtigsten Themen. Manchmal kann die Rezeption auch durch Triplizität etwas Wichtiges zeigen, die kleineren Würden Grenze und Gesicht sind in der medizinischen Stundenastrologie aber eher selten von Bedeutung.

In diesem Buch geht es hauptsächlich um die Behandlung, die nach der Diagnose in Form des Erkennens eines unausgeglichenen Planeten und eines humoralen Überschusses beginnt. Die Behandlung basiert immer auf den Prinzipien der Antipathie bzw. Sympathie. Um mit einem Überschuss an Humores fertig zu werden, wird antipathisch behandelt. Gibt es ein Übermaß an heißem und trockenem Feuer, dann werden Mittel mit einer entgegengesetzten, kalten und feuchten Natur verwendet, so löschen sie ein Feuer aus.

Um die planetare Energie auszugleichen, arbeiten Sie besser mit Sympathie, wenn also der Mond die Ursache der Krankheit ist, nehmen Sie Mittel, die unter den Mond fallen. Wenn das aus irgendeinem Grund nicht möglich ist, arbeiten Sie mit antipathischen Mitteln, die man über die Zeichenherrscher finden kann. Gegenüber dem Zeichen Krebs, über das der Mond herrscht, steht Steinbock, über den der Saturn herrscht. Saturn ist daher in Antipathie zum Mond und kann eingesetzt werden, um den Mond wieder ins Gleichgewicht zu bringen, um »zu heilen«.

Auch Planeten, die eindeutig gegensätzlich sind, können als antipathisch angesehen werden, wie Sonne und Mond, Saturn und Jupiter, Venus und Mars. Weil antipathische Planeten sozusagen auf der Wippe sitzen, können sie sich indirekt ausgleichen. Ein Sonderfall ist die sogenannte »Sympathie über Erhöhung«, die Sie anhand der Erhöhungen finden können. Die Regel ist, dass ein Planet mit dem Herrscher des Zeichens sympathisiert, in dem er erhöht ist. Zum Beispiel ist Mars in Sympathie mit Saturn, weil Mars seine Erhöhung im Steinbock hat.

Wenn der Mond die Ursache der Krankheit ist, kann man also

nicht nur mit Mondmitteln sympathisch, sondern auch mit Jupitermitteln sympathisch behandeln, Jupiter hat seine Erhöhung im Krebs, wo der Mond herrscht. Wie immer gibt der Tierkreis den Entwurf des Kosmos und so können wir die Beziehungen der Sympathie und Antipathie zwischen den Planeten durch den Tierkreis finden.

Jetzt wurde all das besprochen, was bekannt sein muss, um den kommenden Kapiteln optimal folgen zu können. Die Mittel und Behandlungsmethoden, die in diesen Kapiteln untersucht werden, werden immer in ihrer astrologischen Signatur genannt, also mit der damit verbundenen Planetenenergie und dem Wirken über die Achsen erhitzend bzw. kühlend und trocknend bzw. befeuchtend. So können sie direkt mit der Diagnose verknüpft werden. In Teil 2 dieses Buches werden eine Reihe praktischer Fälle diskutiert, die ausführlich erklären, wie das alles funktioniert.

Für weitere Informationen zu den Grundprinzipien der klassischen medizinischen Astrologie verweise ich auf mein Buch KLASSISCHE MEDIZINISCHE ASTROLOGIE, das bereits am Anfang dieser Einleitung erwähnt wurde.

Medizinische Astrologie und Nahrungsergänzungsmittel

In unserer modernen Zeit ist vieles noch gleich wie früher, medizinisch-astrologische Diagnosetechniken und Behandlungsprinzipien sind praktisch noch immer wirksam. Es gibt auch keinen Grund anzunehmen, dass sich dies geändert hätte. Schließlich ist die Struktur des Kosmos in den Zeichen, den Planeten und den Elementen fixiert und bleibt es bis zum Ende der Zeit. Doch es gibt historische Veränderungen, die auch die traditionelle medizinisch-astrologische Praxis betreffen. Eines davon ist das Verschwinden der traditionellen Apotheke mit all ihren gebrauchsfertigen Medikamenten, die Sie im Buch von Richard Saunders THE ASTROLOGICAL JUDGEMENT AND PRACTICE OF PHYSICK finden können. Teilweise könnten diese alten Medikamente auch heute noch wirksam sein, aber wir müssen auf sie verzichten. Es wäre ein vollständiger Tagesjob, die zuzubereiten und die praktische Erfahrung mit der Anwendung und dem Betrieb sollte sukzessive wiederaufgebaut werden, aber leider ist das noch nicht realistisch.

Was wir außerdem beachten müssen, ist unser modernes System der Nahrungsmittelproduktion und -verteilung. Dieses wurde durch die Anwendung moderner Techniken so geändert, dass die Quantität viel besser als in der Vergangenheit garantiert ist. Dafür hat sich aber die Qualität in einer Reihe wichtiger Gesichtspunkte verschlechtert. Ursache dafür ist nicht nur die Produktion der Nahrungsmittel, sondern auch ihr Transport, die Lagerung und die Konservierung. Diese sind so künstlich geworden, dass die aktuelle Nahrung oft wenig natürliche Lebenskraft mehr enthält, oder um es auf moderne Weise zu formulieren, es fehlen Vitamine, Mineralien und andere natürliche Spurenelemente in der Nahrung.

Aus diesem Grund hat sich eine wahre Industrie für Nahrungsergänzung herausgebildet, die diese Engpässe auszugleichen verspricht. Da die Klienten ohnehin mit dieser Verschlechterung der Nahrung zu kämpfen haben, ist es auch eine gute Idee für den medizinischen Astrologen, diese Ergänzungen in seine Behandlungsberatung mit aufzunehmen. Bio-Lebensmittel sind offensichtlich besser als nicht biologisch angebaute Lebensmittel, aber auch in Bio-Lebensmitteln findet man oft die gleichen Mängel, es sei denn, man bekommt sie direkt vom Land.

Allgemein ist es ratsam, ein Fundament für die Behandlung herzustellen, indem man ein Programm vorschlägt, das die Versorgung mit Mineralstoffen und Vitaminen mindestens gemäß der empfohlene Tagesdosis der DGE (Deutsche Gesellschaft für Ernährung) gewährleistet. Alles, was Sie darüber hinaus essen, ist extra und Sie brauchen es auch, denn die DGE-Werte sind ziemlich konservativ – sprich niedrig – und die tatsächlich gesunde Menge ist oft ein Vielfaches der DGE-Werte. Dadurch, dass man diese Menge auch wirklich zu sich nimmt, können die Stoffwechselvorgänge wieder besser funktionieren, sodass auch die anderen, vorgeschriebenen Maßnahmen und Mittel wie Kräuter besser funktionieren. Es mag ein wenig übertrieben klingen, aber wenn man bedenkt, dass einige Äpfel, die als »frisch« verkauft werden, nicht viel Vitamin C enthalten, und dass Brokkoli oftmals kaum Folat oder Kalzium enthält, sieht man, wie wichtig es ist. Sie denken, Sie essen gut, aber Sie bauen in Wirklichkeit einen Mangel auf.

Oft entstehen die größten Probleme in der Phase zwischen der Ernte und der Lagerung, denn es gibt viele Methoden der Konservierung, der Lagerung und des Transports, die einen großen Teil der Vitalstoffe extrahieren. Es ist oft der Fall, dass die Menschen sich bereits nur durch das Befolgen des Basisprogramms der Vitamin- und Mineralienzufuhr besser fühlen. In diesem Kapitel werden wir die häufigsten Ergänzungsformen aus der medizinisch-astrologischen Perspektive unter die Lupe nehmen, das heißt auf der Grundlage ihrer Signatur von Elementen und Planeten.

Auf diese Weise können die Vitamine effektiver eingenommen werden, wenn die Diagnose mithilfe des Horoskops durchgeführt wird. Wenn Sie wissen, dass Fischöl eine Mond-Signatur hat, können Sie nicht nur verstehen, warum und wie es funktioniert, sondern auch sehen, wann Sie es effektiv einsetzen können und wann besser nicht. Nicht nur die Supplemente können auf fundamentaler Ebene verstanden werden, sondern auch wichtige andere Prozesse und Substanzen im Körper wie Arteriosklerose, freie Radikale und Cholesterin lassen sich anhand der astrologischen Signatur besser charakterisieren.

Vitamine

Natürlich sind die Vitamine eine sehr wichtige Kategorie bei der Nahrungsergänzung. Damit die Prozesse im Körper reibungslos ablaufen, ist eine ausreichende Versorgung mit Vitaminen erforderlich. Ist diese Versorgung unterdurchschnittlich, treten spezifische Symptome des Mangels auf. Vitamine sind biochemisch Bestandteil von Enzymen und ein Enzym ist ein biologischer Katalysator. Ein Katalysator ist eine Substanz, die einen Prozess schnell und effektiv ablaufen lässt, ohne selbst verbraucht zu werden. Vitamine wirken als sogenanntes Coenzym, sie sind organische molekulare Faktoren, die für das richtige Funktionieren des Enzyms notwendig sind. Vitamine sind das Schmieröl der Körperprozesse, aber weil sie nicht als Katalysatoren verwendet werden, braucht man relativ wenig davon.

Es gibt vier Hauptvitamine und diesen vier Haupttypen können auch alle anderen zugeordnet werden. So können wir diese vier Gruppen tatsächlich mit den vier Elementen assoziieren, in dem Sinne, dass sie an der Regulierung eines Elements beteiligt sind. Das ist auch der Schlüssel zur Verschreibung basierend auf dem medizinischen Horoskop.

Vitamin A – Carotin

Vitamin A hat eine starke Verbindung zu Augen und Sehvermögen, ist aber auch für das Immunsystem wichtig. Die starke Augensignatur weist auf die Assoziation mit Licht und Feuer hin, was zeigt, dass Vitamin A ein Regulator von Feuerprozessen ist. Natürlich zeigt das Auge auch auf die Signatur der Sonne, des harmonisierenden Feuerplaneten. Vitamin A sorgt somit für die korrekte Verbreitung der lebenswichtigen Feuerkraft im Körper. Die Regulierung des Feuers zeigt sich durch die Wirkung von Vitamin A gegen freie Radikale, die Sie als die zerstörerische Feuerkraft im Körper sehen können (siehe unten).

Vitamin A ist in Fett löslich, nicht in Wasser, der DGE-Wert beträgt 1000 Mikrogramm (pro Tag), aber das kann zwei- bis dreimal höher sein. Sie können Vitamin A zu hoch dosieren, weil es in Fett löslich ist und im Körper angereichert werden kann. Der Überschuss wird nicht aus dem Körper gespült.

ß-Carotin oder Provitamin A ist eine Art Speicherform von Vitamin A und wird, wenn es im Körper benötigt wird, in Vitamin A umgewandelt. Symptome eines Vitamin-A-Mangels haben hauptsächlich mit den Augen zu tun. Sehstörungen, Hautprobleme und eine Schwächung des Immunsystems sind die Folge.
Schlüsselbegriffe: Licht- und Feuerabsorption

Vitamin B

Die Tatsache, dass es verschiedene Arten von B-Vitaminen gibt, zeigt, mit welchem Element der B-Komplex verbunden ist, nämlich mit der expansiven Luft. Auch die mit Vitamin B assoziierten Prozesse weisen eindeutig in diese Richtung, B ist der wichtigste Luft- und Blutregulator. Der B-Komplex ist nämlich mit dem Energiestoffwechsel, dem Nervensystem, der Motivation, der Stimmung, dem Selbstwertgefühl, der Konzentration, der Lernfähigkeit, der Ruhe, der Schlafqualität und allem, was mit dem Herz-Kreislauf-System zu tun hat, verbunden. Es gibt eine klare psychologischmentale Wirkung und eine mehr materielle Wirkung im Blutkreislauf. Beide Aspekte des Elements Luft oder des Humors Blut werden widergespiegelt.

Zum B-Komplex gehören folgende Substanzen, hinter der Unterklasse werden die Symptome eines Mangels und die sichere Dosis pro Tag zur Verhinderung von Mangelsymptomen erwähnt.

- B 1 Thiamin – Depression, Konzentrationsstörungen, Herzrhythmusstörungen – 100 mg
- B2 Riboflavine – Energiemangel, Hautprobleme – 200 mg
- B 3 Niacin Depression, Demenz, Schwindel, hochrote Zunge – 450 mg
- B 5 Pantothensäure – schlechter Zustand der Haare, schlechte Wundheilung, Kopfschmerzen, Herzklopfen – 500 mg
- B 6 Pyridoxin – Depression, Angst, Ekzem – 200 mg
- B 7 oder Vitamin H Biotin – Energiemangel, Probleme mit Haut und Haaren – 500 mg
- B 12 Cobalamin – mental-psychische Störungen – 500 mg
- B 11 Folsäure – künstlich, stabile Form von Folat – Haarprobleme, psychische Störungen, Energiemangel – 800 mg

Weniger wichtige B-ähnliche Adjuvantien (*Halb-Vitamine*) sind:

- Cholin (B 4) – Gedächtnisfunktion, Konzentration
- Inositol (B 6) – gesundes Haarwachstum, psychisches Gleichgewicht, löst Blutfett auf
- Paba – (Hilfsstoff in der B-Gruppe) – gut für den Zustand von Haut, Haaren und Nägeln (Durchblutung)

Diese Hilfsstoffe spielen eine Rolle bei der Gesunderhaltung von Haut, Haaren, Blutfluss, Energieversorgung und geistigem Funktionieren. Alle diese Wirkungsweisen tragen eine typische B-Signatur.

Zusammenfassend hat das Symptommuster des B-Komplexes mit mental-psychischen Störungen und Problemen, Energiemangel, Hautproblemen (deutet auf zu viel Blut), roter Zunge (deutet auf zu viel Blut) und Durchblutung zu tun.

Vitamin E oder Tocopherol gehört zur B-Gruppe, wirkt gegen Herz-Kreislauf-Erkrankungen, es verhindert die Oxidation von Blutfett. Der B-Komplex spielt eine wichtige präventive Rolle bei Demenz und Herz-Kreislauf-Erkrankungen. Der B-Komplex ist wasserlöslich und kann daher ohne große Gefahr höher dosiert werden, obwohl auch ein Zuviel möglich ist.
Schlüsselbegriffe: Bewegung, Strömen, Durchblutung

Vitamin C – Ascorbinsäure

Vitamin C ist unter den vier Hauptgruppen das bekannteste und »archetypische« Vitamin. Vitamin C ist an mehr als 15.000 Stoffwechselprozessen beteiligt! Vitamin C ist somit eine allgemeine Prozessmatrix, die die Signatur des Wasserelements trägt. Auch die Tatsache, dass C in »wässrigen« Zitrusfrüchten sehr häufig vorkommt, bestätigt diesen Zusammenhang. Vitamin C ist ein Fänger freier Radikale (eine Schlüsselfunktion), übernimmt sie auch vom knappen Vitamin E und hält das E-Level auf hohem Niveau.

Vitamin C hat eine wichtige Unterstützungsfunktion im Immunsystem (siehe unter: *Freie Radikale*).

Symptome eines Vitamin-C-Mangels sind Zahnfleischbluten, geringer Widerstand, schnelle Blutergüsse, Energiemangel und Konzentrationsschwäche.

»Vitamin P« (wird nicht mehr als Vitamin gesehen), obwohl Bioflavanoide enthalten sind, gehört zur Vitamin-C-Gruppe. Vitamin P tritt oft zusammen mit Vitamin C auf, Vitamin P schützt Vitamin C vor Oxidantien, unterstützt die Wirkung von Vitamin C und hält die Blutgefäße flexibel.

Vitamin C ist wasserlöslich und kann bis zu 2 Gramm pro Tag und vielleicht (viel) mehr sicher dosiert werden.
Schlüsselbegriffe. Einbettung, Prozessmatrix

Vitamin D (Calciferol) – Erde

Es besteht kein Zweifel, Vitamin D ist so stark mit den Knochen verbunden, dass es offensichtlich ist, dies dem Erdelement zuzuordnen.

Es ist an der Einlagerung der Erdstoffe Kalzium und Phosphor beteiligt, harmonisiert den Aufbau von Knochen (Kalzium), reduziert Angst und Nervosität (Phosphor).

Mangelsymptome sind alle Probleme mit den Knochen, Unruhe und Reizbarkeit, Krämpfe, Muskelschwäche und geringer Widerstand. Vitamin D ist fettlöslich und kann daher im Körper angereichert und schnell zu hoch dosiert werden. Bis zu 20 Mikrogramm pro Tag sind unbedenklich, das ist viermal höher als die üblichen Werte der DGE.

Vitamin K gehört zur D-Gruppe und hilft, Kalzium in den Knochen zu fixieren.

Schlüsselbegriff: Stabilisierung

Vitamine können also mit den vier Elementen assoziiert werden, aber als Regulatoren! Es bedeutet nicht, dass sie selbst als Substanz eine Funktion haben, die mit ihrem Element verbunden ist, also ist Vitamin C beispielsweise nicht selbst kalt und feucht.

Cholesterin und freie Radikale

Freie Radikale

Im Mittelpunkt der gefährlichen Zerfallsprozesse im Körper stehen die freien Radikale. Freie Radikale oder Oxidantien sind Faktoren, die Strukturen durch einen Oxidationsprozess aufbrechen. Stellen Sie sich zum Beispiel rostiges Eisen vor, das auch eine Form der Oxidation ist. Das Eisen verliert seine Struktur durch die Verbindung mit Sauerstoff und so löst alles sich auf in weiche Teile, die nicht mehr effektiv miteinander verbunden sind.

Ähnliches geschieht durch die freien Radikale. Chemisch gesehen ist die Oxidation die Aufgabe von Elektronen und genau das machen die Radikale, die Elektronen von anderen stabilen Strukturen aufnehmen, weil die Radikale eine zu positive Ladung haben, die sie mit negativen Elektronen zu neutralisieren versuchen. Infolgedessen destabilisieren diese die Strukturen, die letztendlich zusammenbrechen. In diesem Sinne ist die Wirkung der Radikale ähnlich dem Prozess, der mit Säuren verbunden ist, Säuren wirken auch auf Substanzen durch Oxidation ein, indem sie Elektronen abtrennen. Dieser Effekt ist ein feuriger Prozess und Säuren sind daher Träger von Feuer. Also: Rosten, Oxidieren und Säure wie auch die Wirkung von freien Radikalen haben mit Feuer zu tun.

Die Assoziation freier Radikale mit dem aktiven Feuer wird durch die Bedingungen bestätigt, unter denen viele freie Radikale auftreten:

- Wo viel UV-Licht ist, zum Beispiel beim Sonnenbaden, im Sonnenfeuer also.
- Wo es viel Stresshormon gibt, Stress hat mit Kampf und Verteidigung zu tun, für die Feuer produziert wird.
- Die Killerzellen im Immunsystem nutzen freie Radikale als Waffen, um Viren und Bakterien abzutöten, die bei einem Bombardement von Radikalen wirklich angegriffen und zerstört werden, hier sieht man das Kampffeuer der Radikale und der Killerzellen. Vitamin C ist so gut für das Immunsystem, weil es einen dämpfenden, schützenden Wasserring um die Immunzellen selbst legt und so die Zellen vor Selbstzerstörung durch eigene Feuerwaffen schützt.
- Wo Sauerstoff transportiert wird, ist Sauerstoff auch eine Substanz, die genau wie die freien Radikale oxidiert.

Radikalfänger sind die Vitamine A, C, E, Fischöl, Coenzym Q. Alpha-Liponsäure, Selen, Zink und Mangan reduzieren die Menge an Radikalen im Körper.

Cholesterin wird erst dann zum Problem, wenn das Blutfett durch freie Radikale oxidiert und daher ranzig wird. Dies bedeutet, dass die Struktur zerfällt und das Fett phlegmatisch und zäh wird. Dann klebt es an den Gefäßwänden und kann weiter aushärten. Je höher der Blutfettgehalt ist, desto dicker ist das Blut und desto größer ist die Wahrscheinlichkeit, dass es verklebt. Zum Beispiel ist Diabetes eine Schleimkrankheit und führt zu erhöhtem Blutfett und dickem langsamem Blut, daher haben Diabetiker auch ein erhöhtes Risiko für Arteriosklerose.

Je mehr Fänger freier Radikale (A, C, E und Fischöl) vorhanden sind, desto geringer ist die Wahrscheinlichkeit von Arteriosklerose. Vitamin C wirkt gegen Radikale, weil es das Radikalfeuer durch die Regulierung des Wassers dämpft, genauso wie kühlendes Fischöl. Vitamin A wirkt gegen Radikale, indem es das Feuer-Element reguliert, und Vitamin E, weil es als Blut- und Luftvitamin das Blut vor Verdickung schützt.

Weitere wichtige Ergänzungen und Mineralien

Fischöl – Mond

Fischöl reduziert Entzündungsfaktoren und ist zusammen mit Vitamin E ein sehr guter Fänger freier Radikale. Der Mond ist mit dem Meer verbunden und deshalb fällt das Fischöl unter den Mond. Es enthält viele ungesättigte Fettsäuren, d.h. Fette die nicht vollständig chemisch gebunden sind. Da ungesättigte Fettsäuren offene Verbindungen haben, symbolisieren sie Flexibilität und Verbindungskapazität und damit die Qualität von Feuchtigkeit. Diese bringen sie ins Gehirn, das feuchteste Organ im Körper, und so wird das Austrocknen des Gehirns verhindert.

Die Signatur des Mondes erklärt die spezifische Wirkung von Fischöl. Das Gehirn ist das große Mondorgan im Körper und dieses Organ wird somit durch das bekannte Sympathieprinzip gestärkt. Der Mond ist aber auch in Antipathie mit der Sonne, darunter fällt das Herz anatomisch gesehen, und daher kann Fischöl auch die Funktion des Herzens durch die Antipathie Sonne-Mond verbessern. Die Verbindung mit Feuchtigkeit, Fisch und Meer hat eine kühlende, feuchtigkeitsspendende Signatur, die die entzündungshemmende Wirkung erklärt.

Guarana, die Augenbeere – Sonne

Die »Augenbeere« ist ein allgemeiner Energieversorger und unterstützt die Vitalität. Das Auge zeigt Sonnensignatur an, die Beere ist einem Auge sehr ähnlich. Guarana setzt sich als Herzstärkungsmittel, gegen Kopfschmerzen, mentale Probleme, als Aphrodisiakum, gegen rheumatische Beschwerden und Rückenschmerzen durch und regt die Fettverbrennung an. Auch hier erklärt die astrologische Signatur die Wirkung, das Herz und die Vitalität fallen unter die Sonne, rheumatische Beschwerden unter Saturn, wogegen die Sonne in Antipathie ist. Die heiße und trockene Wirkung der Sonne stimuliert das Verbrennen des Fettes, das unter den kalten und feuchten Schleim fällt. Die Dosierung ist entscheidend, Guarana enthält ziemlich viel (natürliches) Koffein und kann schnell zu stark werden.

Glucosamin – Saturn

Glucosamin ist eine Ergänzung für die Gelenke, die durch die Signatur der Substanz erklärt werden kann. Glucosamin wird tatsächlich aus Schalentierschuppen hergestellt und es ist klar, dass sie mit ihrer Schutzfunktion unter Saturn fallen. Schalentiere leben im Meer und sind daher auch mit dem Wasserelement verbunden, was sich in der Flexibilität der Schalen widerspiegelt und so ist es erklärlich, warum diese Substanz die Gelenke geschmeidig hält.

Gojibeere – Mars

Die rote Gojibeere hat eine deutliche martialische Signatur und daraus lässt sich ihre Funktion als Energielieferant ableiten. Diese stärkt die Kampfkraft, die Widerstandskraft und die Vitalität, was gut zur Mars-Signatur passt. In der chinesischen Medizin ist die Gojibeere als Wolfsbeere bekannt und wird als Stärkungsmittel für die Nieren verwendet, was aus der Mars-Signatur hervorgeht. Mars gibt Stärke, aber Mars ist auch in Antipathie mit der Venus, die anatomisch die Nieren steuert. Die Gojibeere wird übrigens nicht als ausgesprochen erhitzend angesehen.

Mineralstoffe

Kalzium (39 % – Knochen) das ist Knochenmasse, das strukturierende Material der Knochen selbst, Saturn also.

Mangelsymptome sind Knochenprobleme, Nervosität, Schlaflosigkeit und Muskelkrämpfe, kurzum, es hat zu tun mit Ruhe, fester Form und Stabilisierung, die gut zur dämpfenden Saturn-Erd-Signatur von Kalzium passen. Sichere Tagesdosis bis zu 1500 Milligramm.

Phosphor (22 % – Nerven) Erde mit Licht, Phosphor ist leuchtend, er trägt daher durch die Nerven die Impulse des Bewusstseinslichtes in die irdische Form, daher fällt die Substanz unter Merkur, der auch der Signifikator des Nervensystems ist.

Ein Mangel an Phosphor ist unwahrscheinlich, aber Mangelerscheinungen sind verminderte Vitalität, Anämie, Appetitlosigkeit, Nierensteinbildung und neurologische Störungen. Sichere Tagesdosis bis zu 1500 Milligramm.

Von den gesamten Mineralstoffen im menschlichen Körper kommen Kalzium und Phosphor am häufigsten vor (zusammen 61 %). Dies ist leicht zu verstehen, Kalzium und Phosphor sind beide Erdmineralien, die die stabile, materielle Form liefern.

Kupfer – das Venus-Metall, harmonisierende Kraft, unterstützt Eisen in seiner Funktionsweise. Sie können dies aus der Signatur verstehen, Venus und Mars bilden eine antipathische Achse. Kupfer ist auch wichtig für die Leber und die Lunge, was auch durch die Venus-Signatur erklärt werden kann. Venus ist in Sympathie durch Erhöhung mit Jupiter, dem anatomischen Signifikator der Leber (und teilweise der Lungen). Sichere tägliche Dosierung bis zu 5 Milligramm, Mangel ist sehr unwahrscheinlich. (Siehe auch Kapitel 4 über die Metalle.)

Eisen (0,15 %) – das Marsmetall, Kampfkraft, Energie, Widerstand, auch im Immunsystem. Die sichere Tagesdosis liegt bei bis zu 15 Milligramm, Engpässe haben mit verminderter Vitalität, Widerstand und Kampfkraft zu tun. (Siehe auch Kapitel 4 über die Metalle.)

Jod – schweres Halogen, transportiert Licht und Feuer in den Stoff, daher die Verbindung zur Schilddrüse, die stark mit der Energieversorgung zu tun hat. Sichere Tagesdosis: 500 Mikrogramm, ein Mangel kann zu reduzierter Energie, reduziertem Stoffwechsel, Kropf und Nervosität führen.

Chrom (Mars) – Chrom wirkt gegen Diabetes, die durch Schleim verursacht wird, er erhitzt langsam den Schleim und verbrennt so auch Fette (Fett ist eine Form von Schleim). Diabetes ist eine kalte und feuchte Venus(Zucker)-Krankheit, also kann ein Marsmittel wie Chrom durch Antipathie helfen, Diabetes zu bekämpfen. Es bringt dem Körper aktive Kampfkraft, etwas, das vielen Diabetikern fehlt.

Zink – verbunden mit dem Immunsystem, Knochen und Haut, die alle eindeutig die Signatur von Saturn tragen. Die bekannte Wirkung gegen Prostatavergrößerung kommt von der Saturn-Signatur, Saturn hemmt Wachstum und Schwellung. Sichere Tagesdosis bis zu 15 Milligramm.

Schwefel (4 %) – ein heißer und trockener Träger des Stoffwechselfeuers (Sonne/Mars-Signatur). Kann nicht eingenommen werden in reiner Form, nur homöopathisch und/oder als Zellsalz.

Kalium (5 %) – verbunden mit dem Wasserelement hat Kalium mit der *Feuchtigkeit in den Zellen* zu tun. Die Wasser-Signatur erklärt die Beteiligung von Kalium in der Regulierung des Herzrhythmus, das Herz ist sehr heiß und trocken und das Wasserelement hält dieses Feuer im Gleichgewicht. Kalium kompensiert auch die blutdrucksteigernde Wirkung von Natrium. Siehe auch das Kapitel über Zellsalze.

Natrium (2 %) – verbunden mit dem Luftelement hat Natrium mit der *Feuchtigkeit zwischen den Zellen* zu tun, mit Feuchtigkeit, die sich außerhalb der Zellen ausbreitet. Kalium und Natrium sind also beide mit einem feuchten Element verbunden, zusammen sorgen sie für den richtigen Feuchtigkeitshaushalt. Die Assoziation von Natrium mit ausdehnendem Blut/Luft erklärt die erhöhende Wirkung von Natrium auf den Blutdruck. Küchensalz ist eine wichtige Natriumquelle. Siehe auch das Kapitel über Zellsalze.

Magnesium (0,7 %) – verbunden mit harmonisierendem Licht wirkt es entspannend, entkrampfend und blutdrucksenkend. Magnesium trägt indirektes Licht (man denke an den Magnesiumblitz, der früher in der Fotografie verwendet wurde! Deshalb gehört es zum Mond (der auch das Licht der Sonne widerspiegelt). Vom Mond aus kann seine entspannende Wirkung verstanden werden, der Mond fließt mit. Auch die Tatsache, dass Magnesium oft zusammen mit Kalzium verschrieben wird, lässt sich aus der Signatur erklären, denn Magnesium-Mond ist antipathisch zu Kalzium-Saturn, sie bilden zwei Pole einer Achse. Die zwei Mineralien brauchen einander, um gut wirken zu können. Sichere Tagesdosis: 350 Milligramm, Engpässe haben mit erhöhter Spannung in allen Bereichen zu tun.

Mangan – Energiestoffwechsel, verwandt mit Eisen (Mars-Signatur). Sichere Tagesdosis: bis zu 15 Milligramm.

Silizium – Erdstoff, verwandt mit Kohlenstoff, hat eine Saturn-Signatur. Die Wirkung im Körper ist verbunden mit harten saturnalen Teilen des Körpers wie den Haaren, Nägeln und Knochen Silizium spielt auch eine Rolle bei der Vorbeugung von Alzheimer, Saturn hat auch mit der Erinnerung zu tun (Festhalten).

Chlor (3 %) – ist als Halogen verbunden mit Feuer (z.B. Magensäure). Halogene bilden sehr scharfe Säuren und Säure ist Feuer, daher sind Halogene so stark mit Feuer verbunden.

Basierend auf der Signatur des Planeten und/oder der Elemente die in diesem Kapitel angegeben werden, können Nahrungsergänzungsmittel und Mineralien effektiver verschrieben werden. Zum Beispiel, wenn eine stundenastrologische Diagnose die Sonne in der Waage als Ursache aufweist, bedeutet dies, dass das lebenswichtige Sonnenfeuer aufgrund von überschüssigem Blut (Luft) aus dem Gleichgewicht geraten ist.

Wenn der Klient an Symptomen wie Herzrhythmusstörungen und Ekzemen leidet, kann man an zusätzliches Vitamin B denken, um das Blut zu regulieren, und zusätzliches Fischöl, um das Herz zu beruhigen (der Mond des Fischöls steht in Antipathie zur Sonne, unter die das Herz fällt). Es sollten Nahrungsergänzungsmittel nur dann verschrieben werden, wenn die spezifischen Symptome dies rechtfertigen und nicht allein aufgrund der astrologischen Signatur.

In Teil 2 dieses Buches wird die Verschreibung von Nahrungsergänzungsmitteln anhand praktischer Fälle näher erläutert.

Die astrologische Signatur der Kräuter – wie oben, so unten

Zu den wichtigsten Mitteln der Behandlung, die auf der medizinisch-astrologischen Diagnose beruhen, gehören die Kräuter. Kräuter haben eine astrologische Signatur, sie können unter einem Planeten klassifiziert werden. Obwohl im Prinzip die Kräfte aller 7 Planeten in jedem Objekt auf der Erde einen Einfluss haben, können Sie in den meisten Kräutern eine dominante planetare Kraft sehen. Dieser Planet, unter den das Kraut fällt, zeigt an, welcher planetare Energiefluss im Körper durch das Kraut harmonisiert wird. Zum Beispiel bringt das Jupiterkraut Löwenzahn die Jupiter-Energie zurück ins Gleichgewicht im Körper und wirkt auf die Heilung der Jupiter- zugehörigen Organe ein. Der Leber ist das Hauptorgan von Jupiter und deshalb ist Löwenzahn ein wichtiges Leberkraut.

Neben der Wirkung auf der Planetenebene wirkt jedes Kraut auf der humoralen Ebene, jedes Kraut erhitzt, trocknet, kühlt oder befeuchtet bis zu einem gewissen Grad und in einer bestimmten Kombination. Diese Wirkung auf der humoralen Ebene ist getrennt von dem Planeten, unter den das Kraut fällt, es gibt kühlende Kräuter, die unter den heißen und trockenen Mars fallen, und erhitzende Kräuter, die unter die kühlende und feuchte Venus fallen. Auf der humoralen Ebene suchen Sie immer nach einem Kraut, das antipathisch gegen den Humor im Übermaß wirkt. Zeigt die Diagnose, dass zu viel von der kalten und trockenen schwarzen Galle die Ursache des Symptoms ist, dann arbeiten Sie mit heißen und feuchten Kräutern. Auf der Ebene des Planeten arbeiten Sie mit einem Kraut, das vorzugsweise direkt oder über die Erhöhung mit der Ursache der Krankheit, die aus dem Stundenhoroskop hervorging, in Sympathie ist. Wenn das nicht geht, dann wählen Sie ein Kraut, das mit der gestörten planetaren Energie, die zur Krankheit geführt hat, antipathisch ist.

Wenn Sie also ein Kraut auswählen, beachten Sie drei Kriterien. Erstens muss es den richtigen Effekt gegen den Humor haben, der die Krankheit verursacht, das geht durch Antipathie. Zweitens muss es die gestörte planetare Energie, die die Krankheit verursacht, in Balance bringen. Das geht via Sympathie und wenn das nicht möglich ist, durch Antipathie. Drittens muss das Kraut die richtige Wirkung auf die Symptome haben. Also, wenn Sie ein Lungenproblem mit Atemnot und als Ursache die Sonne im Skorpion haben, dann wählen Sie ein Kraut von der Sonne (auf Planetenebene die Ursache), das heiß und trocken ist (um den kalten und feuchten Schleim »zu verdampfen«) und ein Kraut das (auch) für die Lunge funktioniert. Angelica wäre in diesem Fall eine gute Wahl.

In der Praxis wird fast immer mehr als ein Kraut verordnet, es ist immer eine Mischung aus einer Anzahl von Hauptkräutern und einer Anzahl von Hilfskräutern. Für die Hauptkräuter gelten die obigen Kriterien sehr streng, denn sie bilden den eigentlichen heilenden Kern der Mischung. Die Hilfskräuter haben eine andere Funktion, sie arbeiten sehr spezifisch gegen ein bestimmtes ernstes Symptom, unterstützen die Lebenskraft (mit einem Kraut der Sonne), sie sorgen für das richtige Gleichgewicht in der Mischung (mit einem Kraut mit humoraler Natur, das den Hauptkräutern entgegengesetzt ist) oder sie sorgen für die effektive Zirkulation der Kräuter (z.B. Ingwer oder Schafgarbe). Das sieht so aus (für eine Mischung von etwa 25 Gramm):

1. Hauptkräuter: ein oder zwei Hauptkräuter gegen die Ursache, 9 Gramm.
2. Hilfskräuter, die diese Wirkung unterstützen, 5 Gramm.
3. Unterstützende Kräuter gegen die Symptome, etwa 3 Gramm (auch eventuell ein Herz-/Sonnenkraut für die Vitalität: Safran, Johanniskraut, Engelwurz, Ringelblume, Kamille).
4. Begleitkräuter, Gewürze für die Zirkulation des Krauts im Körper (3 Gramm): Ingwer, Knoblauch, Lobelie, kanadische

Gelbwurzel, Cayennepfeffer, Engelwurz, Süßholz, Schafgarbe.
5. Gegenkraut, der Gegenpol, der eine humorale Wirkung gegenüber den Hauptkräutern hat (3 Gramm).

Sie müssen dieses Schema nicht immer vollständig befolgen, es kommt auf die Situation an, was genau die beste Strategie ist.

Pflanzensignaturen – wie erkennen wir die Planeten in Form eines Heilkrauts?

Saturn: reduzierte Form, streng, spärlich, bleibt im Winter grün, dunkel, lässt kein Licht durch (bei Bäumen), Neigung, zu verholzen, quadratisch, eckig, hält unter schwierigen Bedingungen durch, sehr bitter, zähe Fasern. Rotbraun, grau, dunkel.

Jupiter: gut proportioniert, stattlich, majestätisch, nützlich, reichlich, aber diskret/geordnet (nicht nur formlos massiv), saftig, reich an Öl, groß, auffällig, lässt Licht durch (unter dem Jupiter-Baum können andere Pflanzen auch wachsen). Gelb, blau, lila, violett, türkis.

Mars: zweijährige Pflanzen, dornig, brennend, rot, prickelnd, bitter, scharf, Kreuzblütler, rot, orange.

Sonne: einjährig, strahlend, Sonnenkraft, ausgedrückt in der Blühweise (große Lichtsucher – kontinuierliches »vitales« Nachblühen) – fester, glatter Stamm, starke Farbintensität, aromatisch, scharf/bitter, gerade Zweige. Gelb, golden, orange, rot, purpur, rosa, violett, weiß.

Venus: lieblich, harmonisch, weich, angenehm duftend, süß, salzig. Weiß, rosa, lila, matt gelb, ocker, braun, grün.

Merkur: Hervorhebung des Blattstoffwechsels (Merkur als Planet des Wechsels) verspielt, »spontan«, mehrfarbig, »viele-kleine«-Signatur, viele Variationen, verbunden mit Wind/Luft. Vielfärbig glänzend, bunt.

Mond: Blätter niedrig am Boden, wässrig, Tendenz zur Formlosigkeit und zum Driften, schwach, unangenehme/faulige Luft, rund, maßlos. Schwarz, weiß, silbrig, matt blau, tiefblau.

Kräuterbeschreibungen

Nachfolgend werden einige wichtige und häufig vorkommende Kräuter beschrieben, geordnet nach ihrer humoralen Wirkung. Der erste Teil ist den Kräutern gewidmet, die gegen schwarze Galle arbeiten, weil schwarze Galle der schädlichste der Humores ist. Kompliziert in diesem Teil A ist, dass nicht alle Antimelancholie-Kräuter in den verschiedenen Kräuterlisten als feucht und warm aufgeführt sind. Das Wichtigste ist jedoch, dass sie im Endeffekt die schwarze Galle im Körper reduzieren. Dies zeigt bereits, wie Sie mit der oben beschriebenen Theorie am besten umgehen können. Die Theorie bleibt ein Versuch, eine sehr komplexe Realität in Konzepten zu erfassen.

Antimelancholika

Johanniskraut – Licht in der Dunkelheit – Sonne

An der planetaren Energie, die in dieser Pflanze kraftvoll wirkt, kann es kaum Zweifel geben, das muss die Sonne sein. Die intensiv gelb-goldene Farbe der Blüten zeigt stark in diese Richtung, dies ist das Gelb der Sonne, nicht das normalerweise etwas hellere Gelb des Jupiters. Dieses Kraut bringt die Sonne buchstäblich in ein Haus, wo es zu dunkel und melancholisch geworden ist. Eine der wichtigsten Wirkungen von Johanniskraut ist daher die als Antidepressivum, es öffnet die Fensterläden und lässt die Sonne hereinscheinen, es bringt Vitalität in das gesamte Körper-Geist-System. Die Sonne steht in Antipathie mit Saturn und kann so der Dunkelheit des großen Übeltäters entgegenwirken.

Diese antipathische Wirkung gegen Saturn weist auch in Richtung einer weiteren wichtigen Wirkung, nämlich der als Wundheilkraut. Johanniskraut heilt nicht nur Wunden auf der psychischen Ebene, sondern auch Verletzungen der Haut, die anatomisch unter Saturn fällt. Der Wundheilungseffekt zeigt sich auch in der Signatur. Wenn Sie die Blütenblätter zwischen den Fingern rollen lassen, geben sie eine rote Farbe, die wie Blut aussieht, und wenn Sie die Blüten gegen das Licht halten, sehen die Blattdrüsen wie kleine Löcher aus. Daher kommt auch der lateinische Name *Hypericum Perforatum*, es gibt kleine Löcher und somit Verletzungen zu sehen. Das Kraut zeigt also, wofür es gut ist und dass die Signatur viel weiter geht als nur bis zu Farbe und Form. Auch das Biotop, die chemische Zusammensetzung, die Blütezeit und -art, der Name der Pflanze in anderen Sprachen und die Volksweisheit rund um die Pflanze kann wichtige Hinweise geben.

Zum Beispiel wird Johanniskraut auch »Herzheu« genannt, also Heu für das Herz, das auf die Wirkung der Sonne hinweist, das Kraut bringt vitale Herzkraft und wirkt tatsächlich gegen Herzklopfen. Ein anderer Name ist »jag den Teufel« oder »Hexenkraut«, was auf die magische Wirkung der Pflanze hinweist. Mit ihrer starken Sonnenkraft vertreibt sie dunkle, magische Einflüsse und schlechte Energie. Natürlich ist Johanniskraut mit Johannes dem Täufer verbunden, dessen Festtag auf den 24. Juni fällt, wenn die Sommerlichtkräfte reichlich fließen. Dieses Fest des Vorläufers fällt nahe der Sommersonnenwende, wenn die Sonne ihren Höhepunkt erreicht. Das beschreibt dieses vitale Kraut sehr treffend.

Melisse – ein Allheilmittel – Venus

In dem bereits mehrfach erwähnten Buch von Richard Saunders ist Melisse, neben Senna und Erdrauch, eines der am meisten genannten Kräuter. Manchmal hat man den Eindruck, dass Saunders für fast jedes Leiden Melisse verwendet, und tatsächlich ist die Wirkung dieses Krauts sehr breit, es ist eines der wichtigsten und häufigsten Antimelancholika. Es ist nicht ganz klar, unter welchen Planeten das Kraut fällt. Es spricht keine so klare Sprache wie das Johanniskraut. Culpeper klassifiziert Melisse in seinem berühmten COMPLETE HERBAL unter Jupiter wegen des offensichtlichen anti-melancholischen Effekts, aber Paracelsus entscheidet sich für den anderen Wohltäter Venus. Melisse sieht mit ihren bescheidenen weißen Blüten nicht wirklich stattlich oder majestätisch aus und hat auch sehr wenig Öl, also denken Sie lieber an Venus als an Jupiter.

Der ausgeprägte angenehme Zitronenduft des Blattes zeigt auch in diese Richtung, genau wie der viele Honig in den Blüten, der Bienen anzieht. Alles in allem ist dies eine Pflanze, die in jeder Hinsicht einen süßen, angenehmen und weichen Charakter hat. Das würde sehr gut zu Venus passen, aber es gibt noch ein auffallendes Merkmal, das entscheidend ist: Melisse enthält viel Kupfer, das Metall der Venus! Es kann daher keinen Zweifel mehr geben, was durch einen der anderen Namen der Melisse bestätigt wird, es wird auch »Frauenkraut« genannt. Menstruationsbeschwerden und Schwangerschaftserbrechen gehören zu den Krankheiten, gegen die es verwandt wird, aber die Wirkung dieses sanften, beruhigenden Antimelancholikums ist noch viel breiter.

Es entfernt die kalte, trockene schwarze Galle aus dem Magen, dem Kopf und dem Herzen und fördert so die Verdauung, beseitigt Unruhe und Nervosität und entspannt auch die Lunge im Falle von Beschwerden. Die heilige Hildegard von Bingen sagt, dass jeder, der Melisse nimmt, gerne lacht, weil das Kraut die Milz erhitzt und die Milz das Organ ist, das die schwarze Galle aus dem Körper leitet. Das Kraut ist, wie Saunders sagt, ein Allheilmittel gegen alle Krankheiten der schwarzen Galle, es bringt Luftigkeit in die verklumpte Erde. Paracelsus sah daher in Melisse ein Verjüngungskraut par excellence (schwarze Galle hat mit alt, kalt und trocken zu tun) und verarbeitete es alchemistisch zu dem sogenannten »Primum Ens Melissae«. Dies ist eine spezielle Form der Essenz der Pflanze, die stark antimelancholisch wirkt, obwohl die radikale verjüngende Wirkung, die Paracelsus für sie beansprucht, in unserer Zeit noch nie festgestellt wurde.

Genau wie Melisse wird der Taubenkerbel im Buch von Richard Saunders oft als Heilmittel gegen eine ganze Reihe von Krankheiten genannt. Das Kraut ist in der Tat ein sehr wichtiges Antimelancholikum. Das ist schon aus dem Namen und dem Wachstum des Krauts ersichtlich. Im Lateinischen heißt es *Fumaria Officinalis*. *Fumaria* kommt von Fumus Terrae, was »Rauch aus der Erde« bedeutet. Die Blätter erinnern in ihrem Aussehen an aufsteigenden Rauch. Dies muss also in gewisser Weise mit Verbrennung und Erde zu tun haben und dann ist der Schritt zur schwarzen Galle nicht mehr weit. Ein anderer Name ist auch Erdrauch, der gebräuchlichere Name Taubenkerbel in unserer Zeit hat damit zu tun, dass Tauben verrückt nach den Samen dieser Pflanze sind.

Der Planet, unter den die Pflanze fällt, ist nicht sofort offensichtlich, obwohl es auch einen Hinweis in der chemischen Zusammensetzung der Pflanze gibt. Es enthält viele Alkaloide, stickstoffhaltige Verbindungen, die eine starke physiologische Wirkung haben und daher oft als toxisch gelten. Nun ist der Erdrauch keine sehr giftige Pflanze, aber er sollte nicht zu hoch dosiert werden, denn dann hat er eine lähmende Wirkung auf die Atmung. Dieser leicht giftige Charakter, von dem natürlich auch die starke Heilkraft ausgeht, weist in Richtung Saturn, dem allgemeinen Signifikator für Giftpflanzen. Saturn ist der Erdplanet und das passt natürlich prima zur Assoziation mit Rauch aus der Erde.

Erdrauch ist für Galle, Leber und Milz, aber auch sehr spezifisch für die Haut. In Kräuterbüchern heißt es, dass es auch gegen »Schuppenflechte«, also Psoriasis, wirkt. Diese heilende Kraft für die Haut, eines der Organe des Saturn, zeigt, wie Kräuter im Wesentlichen wirken. Ein Saturnkraut harmonisiert den Saturn-Energiefluss im Körper und den zu Saturn gehörigen Organen, abgesehen von der Haut auch der Milz. Milz ist das Organ, das schwarze Galle aus dem Körper ableitet und dort sieht man die Grundlage der antimelancholischen Wirkung von Erdrauch. Die Milz wird angeregt, so dass die kalte und trockene, schwarze Galle den Körper schneller verlässt.

So können Galle und Leber wieder besser arbeiten, was man dann der Haut ansieht. Wenn Galle und Leber besser arbeiten, gibt es auch weniger Probleme mit gelber Galle und deshalb wird gesagt, dass Erdrauch beide Gallen, sowohl die schwarze als auch die gelbe angreift. Lassen Sie sich nicht verwirren durch die Einstufung des Taubenkrauts als warm im ersten Grad und trocken im zweiten Grad, die Wirkung ist wie oben beschrieben.

Farne – Eichfarne und Zungenfarne – Saturn

Es besteht kein Zweifel an der Kraft des Planeten, der den verschiedenen heilkräftigen Farnen ihre Form verleiht. Farne sind mit den Schatten verbunden. Es sind einfache, archaische Pflanzen ohne Blüten und dieser nüchterne Charakter ist ein deutliches Zeichen dafür, dass wir es mit der Energie des Saturn zu tun haben. Dies wird durch die magische Wirkung von Farnen bestätigt, sie sind sehr schützend, sie wehren negative Energie ab. Das Aufwerfen einer Barriere passt natürlich gut zu der Signatur von Saturn, dem Planeten der Begrenzung und Abgrenzung. Die verschiedenen Farne wirken durch ihre starke Saturn-Energie ungefähr so wie der Erdrauch gegen schwarze Galle, allerdings sind Farne keine spezifischen Kräuter für die Haut.

Ein Farn, der früher viel benutzt wurde, ist der Eichfarn, *Polypodium Vulgaris*. Es wurde speziell der getrocknete Wurzelstock, das Rhizom der Pflanze, gebraucht. Er ist in dem Buch von Richard Saunders als eines der vielen Antimelancholika erwähnt, obwohl es in unserer Zeit nicht mehr gebräuchlich ist. In unseren östlichen Nachbarländern, die eine viel reichere Tradition auf dem Gebiet der Naturheilkunde haben, ist er immer noch verfügbar. Denken Sie nicht, ich werde es selbst aus dem Wald holen, denn was dort normalerweise wächst, ist der Wurmfarn und der ist giftig, was natürlich zur Signatur des großen Übeltäters passt. Eine andere Art von Farn ist der Hirschzungenfarn, *Scolopendrium Vulgare*, dessen Anwendung immer noch ziemlich verbreitet ist, und diese Pflanze hat auch eine klare Wirkung gegen schwarze Galle.

Hirschzungenfarn ist in erster Linie ein Kraut für die Milz, das Hauptorgan des Saturn, das schwarze Galle aus dem Körper ableitet. Von hier kommt die antimelancholische Wirkung. Ein anderer Name für den Zungenfarn ist Milzkraut. Es beseitigt Müdigkeit und Traurigkeit, indem es den Ausfluss von schwarzer Galle durch die Milz anregt, und ist daher gut für die psychische Verdauung. Aber auch auf mehr stofflicher Ebene entfernt es die Kälte und trocknende Melancholie aus dem Verdauungssystem. Es beseitigt Verstopfungen in Milz und Leber und wirkt als Stabilisator auf Darm und Magen. Die Rolle der saturnalen Milz bei der Ausscheidung von schwarzer Galle wird von der modernen Medizin bestätigt, die das Organ als Lymphdrüse des Blutes sieht, die den Abfall (die schwarze Galle) aus dem Blut beseitigt.

Malve – weich und feuchtigkeitsspendend – Venus

Die Malve (*Malve Sylvestris*) und der verwandte Eibisch (*Althea Officinalis*) gehören zu den Pflanzen, die eine klare feuchtigkeitsspendende und leicht wärmende Wirkung haben. Ein kurzer Blick auf die schönen rosa-weißen Blüten genügt, um den Planeten zu bestimmen, unter den dieses Heilkraut fällt. Das muss Venus sein, mit ihrer sanften Süße, die es von allen Seiten ausstrahlt. Im Gegensatz zu vielen der oben genannten Antimelancholika, die unter Saturn fallen, beruht die Wirkung der Malve gegen übermäßige Kälte und Trockenheit nicht auf direkter Stimulation der Milz, um mehr schwarze Galle auszuscheiden. Die Malve wirkt direkt feuchtigkeitsspendend und leicht erwärmend und kann daher Organe, die aufgrund von Kälte und Trockenheit blockiert sind, wieder in Gang bringen.

Dieser feuchte Charakter wird durch die Tatsache bestätigt, dass die Malve ein feuchtigkeitsspendendes Mucilaginosum (Verschleimer) ist, ein Mittel, das die Kehle schmiert und auch leicht abführend ist, es befeuchtet auch den Darm, wenn dieser zu trocken geworden ist. In der chemischen Zusammensetzung kann man sehen, dass die Pflanze einen bemerkenswert hohen Gehalt an

Schleimstoffen enthält. Alles in allem haben wir es mit einem sehr süßen, weichen und feuchten Kraut zu tun, das mit seiner Feuchtigkeit vor allem dafür sorgt, dass es wieder fließt und die schwarze Galle nicht die Chance hat, Prozesse stillzulegen.

Die Malve ist erweichend, besonders für den Hals und den Kehlkopf, die anatomisch unter die Venus fallen. Das Kraut kann durch Befeuchten der Gebärmutter, auch ein Venusorgan, helfen, die Wehen in Gang zu bringen. Im ganzen Verdauungstrakt wirkt Malve beruhigend und feuchtigkeitsspendend, dämpft Entzündungen und sorgt für einen ruhigen Fluss. Wie man es von einem ausgeprägten Venuskraut erwarten kann, ist auch die Niere, das Hauptorgan der Venus, eines der Organe, auf die sie eine besondere heilende Wirkung hat.

Die Wurzel des mit der Malve sehr verwandten Eibisch hat eine ähnliche Wirkung, sie fällt auch unter die Venus und ist ebenso befeuchtend. Es wurde schon oft gesagt, dass ein Planet die Kraft eines Elements enthält, nur in einer aktiven, ordnenden und strukturierenden Form. Sie können das hier deutlich sehen, Venus ist ein feuchter Wasserplanet und diese Venus-Kräuter regulieren hauptsächlich die Befeuchtung in den verschiedenen Organen. Da es sich nicht um stark wärmende Pflanzen handelt, können die beruhigende Malve und das Eibisch auch gegen einen Überschuss an gelber Galle verwandt werden.

Schmierwurzel – Beinwell – Saturn

Die Namen von Kräutern sprechen manchmal Bände, so ist der deutsche Name für die Schmierwurzel »Beinwell« oder »Beinheil«, und das zeigt auffallend, wofür die Pflanze gut ist. Der Beinwell ist das große Kraut für die Knochen, bei Brüchen sorgt er für eine schnellere Heilung, weil er die Kallusbildung, das Zusammen-wachsen der Fraktur, stimuliert. Aber die Heilkraft beschränkt sich nicht nur auf Knochenbrüche und Wunden, auch bei Rheuma, Arthrose und Bandscheibenschäden kann die Beinwellwurzel effektiv genutzt werden. Es geht also vor allem um das ganze »harte« System von Knochen, Wirbeln und Gelenken und das zeigt deutlich, welche planetare Energie diese Pflanze beherrscht. Es ist natürlich Saturn, der Herrscher über die harten Teile des Körpers.

Die holländischen Namen des Beinwells *Smeerwortel* (= Schmier) oder *Lijmwortel* (= Leim) geben wieder andere Hinweise, die Pflanze klebt Knochen zusammen und schmiert den gesamten Wachstumsprozess. Das Miteinander-Verbinden zeigt die Qualität feucht an, die immer aneinanderklebt, und auch schmieren ist natürlich feucht. Wenn wir dann sehen, dass Beinwell das Wachstum stimuliert, wird klar, dass die Pflanze einen starken warmen und feuchten Charakter hat. Schließlich ist es der expansive, sanguinische Humor, der mit Wachstum zu tun hat. Der lateinische Name ist Symphytum Officinale und Symphytum ist aus dem griechischen *symphyein* abgeleitet, das Zusammenwachsen bedeutet. Durch das Studium der Namen in den verschiedenen Sprachen kann oft ein wichtiger Teil der Natur eines Krauts abgeleitet werden.

Die feuchte Natur des Beinwells kann man auch an der chemischen Zusammensetzung erkennen, denn er enthält einen sehr hohen Anteil von Schleimstoffen. Das erkennt man auch an der Wuchsform, der Beinwell hat runde, etwas kurvige, lockere Formen und lässt seine Blüten nach unten hängen. Zusätzlich zu den Schleimstoffen enthält er viele Alkaloide, wie andere heilkräftige Kräuter, von denen eines Pyrrolizidin ist. Das bedeutet, dass eine Langzeitanwendung des Krauts vermieden werden sollte. Dieses Alkaloid wirkt vor allem auf die Leber toxisch und kommt auch bei Pflanzen wie Gurken- und dem Jakobskreuzkraut vor. Aber jede giftige, auch sehr giftige Pflanze kann immer zu 100 % sicher als spagyrische Essenz eingenommen werden. Die Essenz erhält die heilende Kraft, während die Toxine durch die spagyrische Verarbeitung entfernt werden.

Nieswurz – die Christrose – Saturn

In dieser Reihe von antimelancholischen Kräutern darf der Nieswurz oder die Schwarze Nieswurz (*Helleborus*) nicht fehlen. Seien

Sie vorsichtig, Helleborus ist giftig und kann nur sicher in spagyrischer oder homöopathischer Form eingenommen werden, aber auch in diesen Formen zeigt er seine starke Heilkraft. Die Signatur der Pflanze ist ziemlich klar, Helleborus wird auch die Christrose genannt, weil sie im Winter blüht. Wenn alles dunkel wird, ist die Christrose ein Zeichen von Licht und Hoffnung. So kann man deutlich sehen, dass die Pflanze gegen schwarze Galle, die Winterdunkelheit, wirkt. Auch auf planetarer Ebene sieht man, dass die Winterblüte eine Saturn-Signatur ist. Ein Kraut, das schwierigen Bedingungen trotzt, fällt unter Saturn, Härte und Beharrlichkeit sind seine Attribute. Saturn ist der äußerste der sieben klassischen Planeten, er wird auch der Wächter an der Schwelle genannt.

Dies zeigt sich auch an den spezifischen medizinischen Wirkungen, die Helleborus auf die Haut (äußerlich angewendet) und auf Herz und Kopf hat. Die Haut fällt natürlich unter Saturn, die trockene und schuppige Haut wird somit durch Sympathie geheilt. Das Herz fällt unter die Sonne, und Saturn heilt es durch Antipathie. Wassermann, über den Saturn herrscht, steht ja gegenüber dem Löwen, dem Zeichen der Sonne und das Gehirn, unter das der Mond fällt, hat auch eine antipathische Beziehung zu Saturn (Krebs gegenüber Steinbock). Diese antipathische Wirkung auf den Mond hängt mit der traditionellen Verwendung der gemahlenen Wurzel als Niespulvers zusammen, sie hat einen scharfen, stechenden Geruch und reinigt so die Nase durch Niesen. So kann das Kraut auch auf das Gehirn wirken, denn die kalte und trockene schwarze Galle kann durch die Nase aus dem Gehirn ausgeleitet werden, was die Heilkraft der Pflanze gegen Geisteskrankheiten und Gehirnerkrankungen erklärt.

Paracelsus lobt das Nieswurzpulver sogar als Aufbaumittel für ältere Menschen über 60 (Saturn!), die mit einer zunehmenden Melancholie im Körper zu kämpfen haben. Er sagt, dass es präventiv gegen Schlaganfall, Epilepsie, Ödeme und Gicht, alle Krankheiten der mangelnden Durchblutung und der trockenen Kälte wirkt, die so typisch für schwarze Galle sind.

Kühlende und feuchte Kräuter

Es gibt nur eine Handvoll Kräuter, die eine kühlende und feuchtigkeitsspendende Wirkung haben. Daher gibt es auch einige in dieser Liste enthaltenen Kräuter, die auf der Hitze-Kälte-Achse mehr oder weniger neutral sind, und die nur Feuchtigkeit spenden. Es gibt viel mehr Kräuter gegen Hitze, aber dieser Teil handelt von den feuchten Pflanzen gegen Hitze.

Kürbis – der Wasserregulator – der Mond

Mit seiner vollen, runden Form zeigt der Kürbis sofort, wo seine Hauptheilkraft liegt: im Bereich des Wasserelements. Der lateinische Name ist *Cucurbita Pepo*, der vom griechischen *pepon* kommt, und das bedeutet »große Melone«. Die echte Melone ist auch eine volle Frucht des Wassers, sowohl in der Melone als auch im Kürbis (und in der Gurke) wirkt die Energie des Wasserplaneten Mond sehr stark. Dass der Kürbis unter den Mond fällt, zeigt sich auch an der magischen Verwendung der Frucht an Halloween.

An Halloween steigen die Geister der Toten aus ihren Gräbern und gehen auf die Suche nach einem lebenden Körper, um ihn in Besitz zu nehmen. Eine Möglichkeit, diese Geister loszuwerden, ist etwas zu essen vorzubereiten. Damit ist ihr Hunger nach irdischen Dingen gesättigt und sie ziehen von dannen. Hier sehen Sie wieder die Mond/Saturn-Achse. Die Toten sind Saturn und der Kürbis ist der Mond, auch die allgemeine Bedeutung der Nahrung, die Saturn durch Antipathie »harmonisiert«. Auch das Geben von Süßigkeiten (Mond!) an die Kinder, die an die Tür kommen, soll die Geister (»Trick«) mit dem Essen abwehren (»Treat«). Die magischen Prinzipien von Sympathie-Antipathie regieren den gesamten Kosmos.

Der Kürbis, von dem die Samen und der Saft verwendet werden können, wird im zweiten Grad als feucht und kühl bezeichnet, was seine lunare Wassernatur bestätigt. Es ist daher nicht verwunderlich zu sehen, dass Kürbiskerne im Urogenitalbereich zu viel Hitze verhindern. Als ausgeprägter Wasserplanet reguliert der Mond den

Wasserhaushalt und wirkt so heilend auf die Blase und die Nieren. Die Blase fällt wegen der Flüssigkeit unter den Mond. Sie wird somit durch Sympathie geheilt. Die Nieren sind das Hauptorgan des anderen Wasserplaneten Venus. Da der Mond im Stier, dem Zeichen der Venus, erhöht ist, ist der Mond in Erhöhungssympathie mit Venus und heilt daher auch Venusorgane.

Eine andere bekannte Anwendung des Kürbiskerns ist die gegen Blasenbeschwerden bei Prostatavergrößerung. Eine vergrößerte Prostata führt zu einer Verengung der Harnröhre, was das Wasserlassen erschwert, die lunaren Kürbiskerne harmonisieren die Blase wieder und wirken dem Symptom entgegen. Die Regulierung des Wassers erklärt auch die anderen Wirkungen, gegen Schleim in der Lunge, weil sich dort schnell ein Überschuss an Schleim ansammelt, und gegen Darmparasiten, weil Parasiten unter Saturn fallen (in Antipathie zum Mond). Mit den verwandten Gurken-, Melonen- und Citralsamen gehören die Kürbiskerne zu den sogenannten Vier Großen Kühlenden Samen in der traditionellen Medizin.

Veilchen – duftend und weich – Venus

Viola Odorata muss von dem viel bekannteren *Viola Tricoloris,* dem Stiefmütterchen, klar unterschieden werden, denn ihre Wirkungen sind sehr unterschiedlich. Das Stiefmütterchen ist ein Kraut gegen Hautbeschwerden, aber es ist ziemlich heiß und trocken und kann daher nur gegen phlegmatische Hautbeschwerden verwendet werden. Das Veilchen hingegen erhitzt und trocknet nicht, es bringt Feuchtigkeit und es kühlt ab. Eine Verwechslung der beiden Pflanzen kann daher zu großen Problemen führen. Auch die planetare Energie, die in beiden Pflanzen vorherrscht, ist unterschiedlich, als Hautkraut fällt das Stiefmütterchen unter Saturn, das Veilchen aber unter Venus. Der Name »Odorata« im Lateinischen bedeutet duftend, wohlriechend und zeigt in Richtung Venus.

Auch die Farbe des Veilchens, ein zartes Lilablau, zeigt, dass es sich um ein kühlendes Kraut handelt, das an das Wasserelement erinnert. Vergleicht man es mit dem Stiefmütterchen, so ist der

Unterschied klar, in der Blüte des dreifarbigen Veilchens springt die leuchtend gelbe Farbe aus einem dunklen Hintergrund hervor. Das ist eine Signatur für die Heilkraft, das Stiefmütterchen ist ein wärmendes Kraut (das helle Gelb) gegen Ekzem (das helle Gelb), das aus einem Übermaß an Phlegma (der dunkle Hintergrund) entsteht. Die Natur sucht den Kontakt mit uns durch die Signatur, sie spricht in Symbolen und um ihre Botschaft zu hören, müssen wir unsere Sinne öffnen und unser Gehirn anschalten.

Das blaue Veilchen ist also weich und süß in Farbe und Aussehen, und diese wässrige Venus-Signatur erklärt viel von der heilenden Wirkung, die das Kraut hat. Im Allgemeinen kühlt es die Wärme im ganzen Körper ab, aber es schmiert hauptsächlich den trockenen Hals und Rachen, wenn Husten von Entzündungen kommt, die heiß und trocken sind. Das lässt sich direkt aus der Venussignatur erklären, der Hals fällt anatomisch unter Venus! Es wirkt auch gegen Entzündungen in den Wasserorganen, besonders in den Nieren, und die Nieren sind das Hauptorgan der Venus-Energie im Körper. Dieses elegante, weiche Kraut ist einer der großen Favoriten von der heilige Hildegard von Bingen, weil es eines der wenigen ist, das eine so klare kühlende und feuchtigkeitsspendende Kraft hat.

Süßholz – weich, süß und kühl – Merkur

Die Wurzel der Süßholzpflanze ist vielleicht eines der bekanntesten Kräuter. Der lateinische Name ist *Liquiritia Officinalis* und direkt davon ist das deutsche Wort Lakritz abgeleitet. Aus diesem süßen Wurzelholz, das gegen trockene und heiße Atemwegserkrankungen eingesetzt wird, werden ja echte Lakritzbonbons hergestellt. Es ist ein besonders feuchtes Kraut und macht daher das Abhusten leichter, es schmiert den Hals und die Luftröhre. Die Tatsache, dass Süßholz eine so deutlich positive Wirkung auf die Atemwege hat, ist ein Hinweis darauf, dass es sich um ein Kraut des Merkurs handelt, die Lunge ist das Hauptorgan im Körper dieses beweglichen Planeten des Austauschs. Dies wird durch die Form der

Pflanze bestätigt, die Blätter erfüllen sicherlich die Merkurbeschreibung »viel-klein«.

Man würde dem Süßholz nicht gerecht werden, wenn man es nur als Lakritzpflanze vorschlüge, weil das Kraut eine viel breitere Anwendung hat. Eine der interessanten Funktionen ist, dass es als eine Kräuterpumpe oft Mischungen von anderen Kräutern hinzugefügt wird, nicht nur, um den Geschmack zu verbessern, sondern auch, weil das Süßholz die anderen Kräuter gut im ganzen Körper verteilt. Es hilft, sie an die richtigen Stellen zu bringen, eine Signatur, die perfekt zu Merkur passt, dem Diener, der Ihnen den Weg weist. Diese merkurhafte Signatur spiegelt sich in der allgemeinen Wirkung auf die Schleimhäute, nicht nur in den Atemwegen, sondern auch in Magen und Darm wider. Die Schleimhäute sorgen dafür, dass der Transport reibungslos verläuft und dass der Austausch von Gasen, Nährstoffen und Abfällen nicht durch übermäßige Trockenheit gefährdet wird.

Was weniger bekannt ist, ist die Verwendung des Süßholzes gegen Lebererkrankungen, sogar gegen Hepatitis. Dies kann direkt aus der Merkur-Signatur der Pflanze erklärt werden, Merkur ist in Antipathie mit Jupiter und die Leber ist das Hauptorgan von Jupiter. Mit seiner beruhigenden, feuchten und leicht kühlenden Natur ist das Süßholz daher ideal gegen heiße Erkrankungen der Leber geeignet. Das Kraut ist nicht offiziell in den Kräuterlisten als sehr kühl aufgeführt, aber dieser Effekt ist aus der Anwendung klar. Der süße Geschmack weist auch in diese Richtung, süß ist mit dem Wasserelement verbunden.

Mistel – Das Teufelsnest – Mond

Es gibt es kaum eine Pflanze, die so stark von Mythen und Magie umgeben ist wie die Mistel. Es ist auch eine ganz besondere Pflanze, die Mistel lebt wie ein Halbparasit in verschiedenen Baumarten und das ist schon eine erste, wichtige Signatur. Die Pflanze hängt von der Kraft eines anderen ab, und es ist klar, dass die Mondkräfte daher sehr stark dominieren. Schließlich ist der Mond der Planet, der nicht allein steht, sondern nur das vitale Licht der Sonne widerspiegelt. Das in einer Existenz als Parasit auszudrücken ist ziemlich extrem und deshalb ist dies eine magische Pflanze. Die Mond-Energie ist überwältigend. Sehen Sie sich nur diese so reinen weißen Beeren an, weiß ist natürlich die Farbe des Mondes.

Auffällig ist auch die Position der Blätter, die sich wie eine Gabel am Ende eines Sporns gegenüberstehen. Dies betont stark die Spaltung, die irdische Dualität, von der der vor allem Mond das Symbol ist. Dies erklärt die Verwendung des Mistelzweigs als universelles Schutzamulett, es wehrt – sympathisch! – alle unangenehmen Folgen der Dualität ab. Die Blattgabel erinnert an die Hörner des Stiers, und diese Hörner sind ebenfalls ein Mondsymbol, im festen Erdzeichen Stier ist der Mond erhöht und man geht in die Materie. Auch deshalb ist dies ein Hexenkraut, denn die Hexe symbolisiert die böse Seite des Mondes, die bedingungslose Hingabe an die irdische Dualität oder weniger philosophisch ausgedrückt, an die irdische Begierden. Es gibt eine starke Assoziation mit der Welt der Dämonen und Hexen.

Der Mistelzweig spielte eine große Rolle in den Mittwinterritualen der Druiden. Mit einer Sichel aus Gold wurde der Mistelzweig aus einer heiligen Eiche geschnitten und in weißen Tüchern gesammelt. Dann wurde das »Teufelnest«, wie die Mistel auch genannt wird, ohne den Boden zu berühren nach dem Schlachten der Opfertiere in Wasser getaucht. Dieses Wasser wurde als eine Art Weihwasser benutzt, um böse Einflüsse (durch Sympathie) abzuwehren. Dieser Ritus ist voller Symbolik, das Gold ist das Metall der Sonne, das Symbol des Göttlichen, das als Gegenmittel zur starken Mondenergie im Mistelzweig wirkt. Die weißen Tücher weisen ebenfalls auf Reinheit hin und die Vermeidung von Bodenkontakt bedeutet symbolisch, dass man die Mondenergie in gerade abgeschnittenen Zweigen sauber hält, damit man »Weihwasser« aus ihnen machen kann. Der Gebrauch des Mistelzweiges als Weihnachtskranz (Wintermitte) kommt von hier, ebenso wie die Vorstellung, dass, wer auch immer unter dem Mistelzweig steht, ohne Strafe geküsst werden kann. Als universelles Amulett schützt die Mistel vor allen Folgen der Dualität, also des Verlangens.

Die Mistel hat ein besen-ähnliches Wachstum und das zeigt, dass die Pflanze gegen Wucherungen, also gegen Krebs eingesetzt werden kann. Ein bekanntes Injektionspräparat von Misteln ist *Iscador* von der anthroposophischen Firma Weleda, aber es gibt da noch viel mehr. Das Wachstum der Krebszellen spiegelt die Mondkraft wider, ein unausgewogener Mond hat keine Richtung oder Struktur mehr. Dies ist ein Hinweis darauf, dass emotionale Aspekte eine wichtige Rolle bei der Entstehung von Krebs spielen können. Die Mistel wirkt auch im Gehirn gegen Schwindel und bei Epilepsie. Das Gehirn ist das Hauptorgan des Mondes. Das Kraut stärkt den Herzmuskel, was durch die Antipathie zwischen Mond und Sonne erklärt wird (das Herz ist das Sonnenorgan). Mistel bringt als entspannendes Mondkraut (es wächst hoch oben im Baum weit weg von der irdischen Unruhe) einen niedrigen Blutdruck.

Es gibt noch einen anderen Namen: »Vogelleim«. Er kommt daher, dass man die Beeren der Mistel abgekocht hat, um eine klebrige Substanz herzustellen, mit der Vögel gefangen werden konnten. Das zeigt die humorale Natur der Mistel, es ist vor allem ein feuchtes Kraut. Die Qualität feucht ist immer Verbindung, Feuchtigkeit klebt.

Klatschmohn und andere Papaver – Mond

Es gibt etwas Erstaunliches an der Mohnblume, das zeigt, dass der gesamte Kosmos auf der Grundlage von symbolischen Prinzipien arbeitet. Die Mohnblume ist in der Tat ein bekanntes Symbol der vielen, oft jungen Opfer, die in dem hirnlosen Grauen gefallen sind, das wir als den Ersten Weltkrieg kennen. Das ist nicht nur ein bewusstes und absichtlich gewähltes Emblem, sondern ein echtes Symbol. Zwischen den Schützengräben blühten spontan viele Mohnblumen, die symbolisch sehr genau zu dem Schrecklichen, das dort geschah, passen. Der Mohn hat nicht nur die rote Farbe des vergossenen Blutes, sondern ist auch eine Pflanze, die auf einen

Schlag blüht. Eine sehr schnelle und kurze Blüte und dann ist sie weg und es bleibt nur ein minimales, trockenes Skelett übrig. Viele junge Männer, die nur kurz gelebt hatten, vergossen an diesen Orten ihr Blut. Diese Symbolik brachte die Natur an den Ort, wo dieser Prozess stattfand. So funktioniert der Kosmos. Das ist auch eine Form der Sympathie.

Die Vergänglichkeit, die die Mohnblume so stark ausdrückt, zeigt die planetare Energie, die die Pflanze formt, es ist der Mond, der erdnächste Planet, der vor allem mit Entstehung und Zerfall verbunden ist. Die Mondsignatur gilt für die gesamte Mohnfamilie, zu der der Mohn – der lateinische Name: *Papaver Rhoeas* – gehört. Das berüchtigtste Familienmitglied ist natürlich der echte Mohn, »der Schlafmohn«, aus dem Opium und schließlich Heroin gewonnen wird. Diese Pflanze ist das Tor zur astralen Traumwelt, die in der Kabbala »Yesod« genannt wird, über die der Mond herrscht. Sie versetzt uns in eine Mondwelt, die von irdischen Begrenzungen und irdischem Leiden frei ist. Die Samen der Mohnblume werden auch im Brot verwendet und heißen – wie kann es anders sein – Mondsaat.

Der Klatschmohn hat nicht die halluzinogene Wirkung des Schlafmohns. Die Mondenergie in der Blüte des Klatschmohns geht in eine andere Richtung, worauf die Signatur der roten Farbe hinweist. Der Klatschmohn hat eine starke kühlende Wirkung auf alle Formen der Hitze (leuchtend rote Farbe!), er ist beispielsweise ein Mittel gegen hohe Fieber. Das Kraut ist auch gut gegen Rötung der Augen, der Mond ist in Antipathie mit der Sonne (Augen) und er ist beruhigend für die Kehle, weil der Mond in Sympathie durch Erhöhung mit Venus (Kehle) ist.

Es fördert auch Schlaf und Beruhigung, was natürlich sehr gut zur Signatur des Mondes passt. Die Texte erwähnen, dass der Mohn in der dritten Klasse abkühlt und das ist sehr kühl. Daher sollte man ihn nicht zu lange geben oder besser zusammen mit anderen Kräutern in einer Anti-Feuer-Mischung in niedrigeren Dosierungen geben. Auf der Achse feucht-trocken scheint der Effekt recht neutral zu sein, die Hauptqualität ist der stark kühlende Charakter.

Bei der Pappel besteht kein Zweifel, die Energie des Saturn wirkt sehr stark in diesem Baum. Sie können dies sofort an seiner Form sehen, Saturn und der damit verbundene Humor schwarze Galle machen ihn dünn und lang. Es gibt wenig Kraft in der horizontalen Ausdehnung, die Energie wird benutzt, um nach oben aus der Erde zum Licht hin zu wachsen. In seinem berühmten COMPLETE HERBAL unterscheidet Culpeper die schwarze und die weiße Pappel. Die schwarze Variante, schreibt er, ist die am stärksten kühlende und das ist auch die Sorte, die in unserer Zeit als Heilpflanze eingesetzt wird. Es sind die Knospen, die wir heute noch gebrauchen, obwohl in der Vergangenheit der Samen, der Saft, die Rinde und die Äste gegen verschiedene Krankheiten genommen wurden. Es gibt eigentlich keinen Grund, warum wir es in unserer Zeit nicht immer noch tun sollten. Hier ist noch viel zu entdecken und es ist höchste Zeit, dass mehr Energie in die Pappel investiert wird.

Die Signatur von Saturn spiegelt sich deutlich in den Krankheiten wider, gegen die man die Pappel verwendet. Culpeper nimmt den Saft gegen Augenkrankheiten, die durch Hitze verursacht werden, Saturn ist in Antipathie zu beiden Lichtern, sowohl Sonne als auch Mond, und darunter fallen die Augen. Die Saat mit Essig getrunken ist gut für das Gehirn und besonders gut gegen Epilepsie, hier sehen wir wieder die Antipathie des Saturn mit dem Mond, unter den das Gehirn fällt. Culpeper erwähnt sogar die Feuchtigkeit, die aus den Baumhöhlen geholt wird und die gut ist gegen alle Arten von Hautproblemen wie Warzen und Ekzeme. Pappelknospe wird immer noch gegen Ekzeme und Schuppenflechte verschrieben, die Haut fällt natürlich unter Saturn. Das gilt auch für die harten Stellen des Körpers und besonders für die Gelenke. Bei Gicht und Rheuma kann die Pappel gut helfen, denn ihre Energie wirkt kühlend auf Entzündungen.

Eine ganz besondere Substanz, die indirekt mit der Pappel zu tun hat, ist Propolis. Dies ist eine Substanz, der von Bienen aus dem Harz der Knospen von unter anderem Pappeln hergestellt wird. Mit dieser Substanz wollen die Bienen ihren Korb stärken und gegen Zugluft, Kälte und Keime versiegeln. Hier sieht man sofort die Signatur der Propolis, denn Schützen, Verstärken und Versiegeln ist natürlich Saturn. Propolis ist dann auch ein uraltes natürliches Antibiotikum und ein starkes Heilmittel gegen Hautkrankheiten. Das Immunsystem fällt genau wie die Haut unter Saturn. Am sichersten verwendet man Propolis in Form einer spagyrischen Essenz.

Kalte und trocknende Kräuter

Kräuter, die abkühlen und nicht trocknen, gibt es relativ wenige und deshalb sind die Kräuter, die in den Teilen A und B dieses Kapitels besprochen werden, umso wertvoller. Von den trocknenden Kräutern gibt es viel mehr. Von ihnen ist in diesem Teil C die Rede. Sie werden hauptsächlich eingesetzt, wenn es sich um ein Übermaß an Blut handelt.

Hirtentäschel – die Herz-Pflanze – Saturn

Hirtentäschel ist eines der wichtigsten Kräuter gegen einen Überfluss an Blut, die Pflanze kühlt und trocknet im zweiten Grad. Diese Wirkung erkennt man auch in einem der alternativen Namen, denn es heißt auch Blutwurz. Der Name Hirtentäschel leitet sich von der auffälligen Form der Frucht ab, den »Schötchen«, die den Taschen, die Hirten in früheren Zeiten bei sich trugen, sehr ähnlich sind. Das Hirtentäschel ist ein sehr bekanntes Kraut, es wächst auch mitten in Städten zwischen den Steinen und neben stark befahrenen Straßen.

Dies deutet bereits auf die planetare Energie hin, die sich in dieser Pflanze manifestiert. Überlebender in einer schwierigen Situation zu sei gehört natürlich zu Saturn. Saturn braucht nicht viel und bleibt aufrecht in harten Bedingungen, das gilt nicht nur für Saturn-Pflanzen, sondern auch für Saturn-Menschen. Eigentlich genügt ein Blick auf die Pflanze, die auf allen Seiten eine gewisse Sparsamkeit ausstrahlt. Sie trägt auch den Namen Mönchskraut.

Es ist übrigens nicht so, dass eine Pflanze, die unter den kalten und trockenen Planeten von Saturn fällt, humoral auch automatisch eine kühlende und trocknende Wirkung hat. Die beiden Ebenen der humoralen Energie und der planetaren Energie müssen klar unterschieden werden, sie sind oft verschieden. So gibt es zum Beispiel auch Saturn-Kräuter, die warm und trocken sind. Im Fall des Hirtentäschels stimmen humorale Energie und planetare Energie jedoch überein. Die kalte, trockene »adstringierende« Natur der Pflanze erklärt eine ihrer wichtigsten Anwendungen als Hämostypticum, d. h. als zusammenziehendes, blutstillendes Kraut. Das kann man auch aus der Saturnsignatur ableiten, Saturn ist in Antipathie mit Jupiter, unter den Blutungen fallen.

Die Signatur der Beutel, die Frucht, die einem Täschchen ähnelt, gibt sogar genauere Anweisungen. Denn sie sehen nicht nur wie Taschen aus, sondern haben auch eine Herzform. Das Hirtentäschel wirkt daher stark auf das Herz und das Kreislaufsystem, das als Ganzes unter die Sonne fällt, weil das Kreislaufsystem als der Transport von lebenswichtiger Sonnenenergie durch den Körper gesehen wird. Dies kann auch durch die Energie von Saturn erklärt werden, Saturn steht in Antipathie zur Sonne, weil das Sonnenzeichen Löwe in Opposition zum Saturnzeichen Wassermann steht.

Auch die Opposition zwischen dem Saturnzeichen Steinbock und dem Mondzeichen Krebs kehrt als Saturn-Mond-Antipathie zurück. Das Hirtentäschel, auch Mutterherz genannt, wirkt auch stark auf die Gebärmutter, die unter den Mond fällt. Das Kraut stillt Blutungen und wirkt gegen übermäßige Menstruation. Es kann Kontraktionen der Gebärmutter auslösen und ist daher in der Schwangerschaft kontraindiziert, denn es kann eine Fehlgeburt verursachen.

Faszinierend ist die Wirkung eines entfernten Verwandten des Hirtentäschels, des Mutterkorns, das man als eine Art wilder Großnichte der Pflanze sehen könnte. Das Mutterkorn ist ein schweres Gift, ein schwarzer Pilz, der auf Weizen und vor allem auf Roggen wächst, und lange müssen wir nicht über die Signatur nachdenken: Saturn. Mutterkorn kam in früheren Zeiten durchaus im Brot vor und verursachte Epidemien wie das St. Antoniusfeuer, eine Art Gangrän durch Krämpfe und Kontraktion der Blutbahn.

Das Kreislaufsystem wird durch Mutterkorn sehr stark abgeschnitten, sodass Gliedmaßen absterben können. Dies weist auf die extrem kalte und trockene Natur des Pilzes hin und auch die Wirkung auf den Uterus passt dazu. Mutterkorn kann als Abortivum verwendet werden, man kann den Pilz als eine sehr extreme Art von Hirtentäschel sehen. Bemerkenswert, dass er auch den Namen Mutterherz trägt. Ebenso faszinierend ist die Tatsache, dass das Hirtentäschel auch die Wirtspflanze für einen parasitären Pilz ist, der bei Kohlsorten (Mond) die Krankheit Knollfuß verursacht, die zu schädlichen Wurzelverdickungen (Saturn) führt.

Schachtelhalm – widerspenstiges Unkraut – Saturn

Ein weiteres allgemeines Basiskraut gegen zu viel Blut ist Schachtelhalm, eine äußerst robuste Pionierpflanze. Dieses Heilkraut wird auch als Ackerpest bezeichnet, es ist schwer wegzubekommen sobald es sich auf einem Stück Land niedergelassen hat. Schachtelhalm ist resistent gegen viele Chemikalien und speichert einfach Giftstoffe, das Kraut leidet nicht darunter. Der harte, zähe Charakter der Pflanze zeigt sich auch darin, dass Wildcamper den Schachtelhalm als Topfkratzer für schmutzige Pfannen benutzen! Es ist klar, dass wir es hier nicht mit der Venus zu tun haben, sondern mit der zähen Kraft des Saturn.

Ein kurzer Blick auf die Pflanze genügt bereits, der Ausdruck »reduzierte Form« scheint für den Schachtelhalm erfunden worden zu sein. Das Enge und Nüchterne ist sehr explizit, es ist, als ob Sie ein Knochengerüst betrachten. Es ist interessant, diese kalte und trockene Saturnpflanze mit der vorherigen zu vergleichen. Das Hirtentäschel, das die gleiche humorale und planetarische Natur hat, hat aber eine andere Wirkung. Beim Hirtentäschel ist die Signatur der herzförmigen Samen dominant, die Pflanze ist sogar nach ihr benannt und zeigt die heilende Kraft auf Herz und Kreislauf. Im Schachtelhalm geht die Signatur in Richtung der Knochen, die strenge Nüchternheit ist noch ausgeprägter, man sieht die Energie, die die Knochen bildet, in ihr erscheinen.

Der Saturncharakter des Schachtelhalms wird durch die chemische Zusammensetzung bestätigt, die Pflanze enthält viele Mineralien, die zur Erde und zum Saturn gehören. Das dominierende Mineral ist Silizium und dieses chemische Element ist eine ausgeprägte Erdsubstanz, die beim Aufbau von harten, saturnalen Körperteilen wie Haut, Haaren und Knochen eine Rolle spielt. Im chemischen Periodensystem der Elemente befindet sich das Silizium in der Kohlenstoffreihe und Kohlenstoff ist natürlich extrem saturnisch und erdig. Das gesamte irdische Leben ist chemisch auf Kohlenstoff aufgebaut.

Die Saturn-Energie von Schachtelhalm wird deutlich in den Organen reflektiert, auf die sie wirkt, sie ist gut bei Rheuma, Gicht, Knochenverkalkung, Osteoporose, Ekzemen und reduziertem Widerstand, was alles zu Saturn gehört. Es gibt als äußerst robustes Kraut die Kraft zurück und hält aufrecht, was aufrecht stehen muss. Es funktioniert auch für die Blase (Mond), Saturn ist in Antipathie mit dem Mond und mit den Nieren (Venus). Saturn ist immerhin in Erhöhungssympathie mit der Venus und er ist in der Waage erhöht.

Weißdorn – der Herzdorn – Mars

Es ist nicht schwer zu sehen, welche planetare Energie diesen Strauch durchdringt. Er hat scharfe Dornen und rote Beeren, es muss Mars sein. Dies wird auch durch die meisten alten Texte bestätigt und wir können erwarten, dass der Weißdorn etwas mit der Harmonisierung des Mars-Energieflusses im Körper zu tun hat. Der Weißdorn ist eine kühlende und trocknende Pflanze und so wird es darum gehen, eine zu starke Mars-Energie zu beruhigen, Spannung, die durch einen warmen und feuchten Überdruck eines Übermaßes an Bluthumor verursacht wird. Es handelt sich also in erster Linie um ein Stresskraut, was durch die physiologische Tatsache bestätigt wird, dass Weißdorn das sympathische aktivierende Nervensystem beruhigt.

Weißdorn ist ein ausgesprochenes Herzkraut, obwohl es auch andere Anwendungen gibt, die Sie leicht aus der oben beschriebenen, beruhigenden Natur der Pflanze verstehen können. Ein Übermaß an expansivem Blut-Humor, der den feurigen Mars-Strom jagt, gibt ein Bild von viel Stress und das hat natürlich direkten Einfluss auf das Herz.

In der Signatur der Blüten kehrt dieser beruhigende Effekt zurück, das Herz der Blume ist gelb und umgeben von lieblichen weißen Blütenblättern. Diese kleinen Blüten tragen die Signatur der Venus, aber die ganze Pflanze wird deutlich vom Mars dominiert. Manchmal sieht man in einem Teil einer Pflanze einen anderen als den dominierenden Planeten, schließlich ist alles auf der Erde von den sieben planetarischen Kräften gebildet.

Sie würden natürlich erwarten, dass der Weißdorn eine Pflanze der Sonne ist, da er offensichtlich auf das Herz wirkt, weil das Herz und das Kreislaufsystem astro-anatomisch unter die Sonne fallen. Aber das ist nicht der Fall, der Weißdorn beruhigt das Herz auf andere Weise, nämlich durch die Harmonisierung der martialischen Spannung und Kampfkraft, die sich in den martialischen Muskeln manifestiert. Da das Herz tatsächlich auch ein sehr kräftiger Muskel ist, wird aus der Mars-Signatur deutlich, wie die Heilkraft des Weißdorns das Herz beruhigt und stärkt. Es ist also ein anderer Aspekt des Herzens, der vom Weißdorn angesprochen wird, es geht hauptsächlich um den Aspekt der Muskelspannung und nicht um die Lebenskraft der Sonne.

Berberitze – der Gallendorn – Mars

Der Sauerdorn, *Berberis vulgaris*, ist ein weiterer Dornbusch, der kühlend und austrocknend wirkt und der auch unter den Mars fällt. Man kann es so sehen: Eine Mars-Pflanze reguliert und harmonisiert den Mars-Energiestrom in Körper und Geist, und das kann getan werden, indem man diesen Fluss temperiert oder indem man ihn stimuliert. Im Falle des Sauerdorns ist klar, dass dies durch

Temperieren getan wird, das Kraut kann gegen alle Arten von Entzündungen eingesetzt werden, die natürlich auch, wenn man sich die Signatur anschaut, unter den feurigen Mars fallen. Diese Verbindung mit dem Feuer zeigt der Sauerdorn genau wie der Weißdorn in seinen Farben, die Beeren sind leuchtend rot und die Blüten sind gelb. Diese gelbe Farbe kommt zurück in den Saft und deshalb kann man den Sauerdorn auch den Gallendorn nennen.

Schließlich ist es der gelbe Gallsaft, der so direkt mit dem Feuerelement im Körper assoziiert wird. Die gelbe Galle wird nach traditioneller Medizin in der Gallenblase gespeichert. Der gelbe Saft zeigt also sehr direkt, dass dieser Dorn (Mars) Feuerproblemen entgegenwirkt, indem er die Mars-Energie harmonisiert. Der Sauerdorn wirkt auch bei Gallenerkrankungen, aber auch auf die Leber, die eng mit der Galle verbunden ist. Schließlich ist es die Leber, die die Gallenflüssigkeit flüssig macht und über die Gallengänge zur Gallenblase transportiert. Wenn irgendwo auf dieser Strecke etwas hängen bleibt, kann die Leber zu heiß werden und die Berberitze ist das geeignete Kraut. Die Verbindung zwischen Galle und Feuer erkennt man an dem Sprichwort »Galle spucken«. Wenn man sehr wütend wird erhöht, sich die Menge an gelber Galle im Körper und das kann sich schließlich sogar in Gallensteinen auskristallisieren.

An den Anwendungsmöglichkeiten des Gallendorns sieht man deutlich die Sympathie von Mars durch die Erhöhung mit Saturn. Die Berberitze ist ein besonders gutes Mittel gegen Erkrankungen der Milz, aber sie hilft auch bei Gicht, rheumatischer Arthritis, Ekzemen und Zahnfleischerkrankungen. Die Gelenke, die Milz, das Zahnfleisch und die Haut fallen alle unter Saturn. Die Antipathie mit der Venus spiegelt sich deutlich in der Heilkraft der Sauerdornbeeren bei Entzündungen im Nierenbereich wider. Die Nieren sind das Hauptorgan der Venus-Energie im Körper. Mit Ausnahme der reifen Beeren enthält der Sauerdorn Berberin, ein Alkaloid, auf das man achten muss, daher müssen Wurzel und Rinde sehr genau dosiert werden.

Könnte eine Pflanze ihre Signatur noch deutlicher als dieses bekannte Kraut zeigen? Wer kennt nicht all die Wiesen voll von diesen schönen gelben Blumen, ein Löwenzahn kommt nicht allein. In dieser Fülle ist die Energie von Jupiter, dem Expansions-Planeten, deutlich erkennbar, das Gelb ist auch eine der Farben des großen Wohltäters. Es ist daher nicht verwunderlich, dass der Löwenzahn eines der wichtigsten Kräuter für die Leber ist, das Hauptorgan von Jupiter im Körper.

Die humorale Energie ist kühlend und trocknend, der kraftvoll trocknende Charakter ist aus dem französischen Namen »pissenlit«, dem Bettnässer, ersichtlich. Das Kraut ist stark harntreibend, es treibt ein Zuviel an Feuchtigkeit aus. Der milchige Saft in den Stielen ist eine Nebensignatur, die darauf hinweist, dass die Pflanze etwas mit feucht zu tun hat, weil der weiße Saft unter den Mond, der über die Feuchtigkeit herrscht, fällt.

Der lateinische Name Taraxacum Officinale führt wieder in eine andere Richtung, man sagt, Taraxacum würde eine Augenkrankheit bedeuten, aber es ist unklar, ob das lateinische Wort wirklich davon kommt. Es ist wahr, dass der Löwenzahn bei verschiedenen Augenerkrankungen hilft. Man sieht das auch in einer sekundären Signatur der Pflanze. Denn ja, es ist eindeutig eine Jupiter-Pflanze, aber diese intensiv gelben Blüten haben auch etwas von der Sonne und darunter fallen die Augen. Es ist auch in der chinesischen Medizin so, dass die Augen und die Leber stark miteinander verbunden sind, ein gelb gefärbter Augapfel kann auch ein Symptom einer Lebererkrankung sein.

Der Löwenzahn ist auch ein wichtiges Kraut gegen Hautkrankheiten und das ist leicht zu verstehen. Denn wenn die Leber ihre entgiftende Funktion nicht richtig erfüllt, dient die Haut als »Notversorgung«. Bei vielen Hauterkrankungen spielt im Hintergrund eine gestörte Leberfunktion eine Rolle. Die Antipathie zwischen Jupiter und Saturn bestätigt, dass eine enge Verbindung zwischen Leber und Haut besteht. Und auch die heilende Wirkung des Krauts bei Rheuma und Gicht kann durch diese Antipathie erklärt werden. Gelenke fallen auch immer unter Saturn. Löwenzahn wird auch wilde Zichorie genannt, die echte Zichorie ist auch eine kühle, trocknende Jupiterpflanze mit einer sehr ähnlichen Wirkung.

Weide – natürliches Aspirin – Mond

Wie Sie wahrscheinlich wissen, wurde die Entwicklung des Aspirins von der traditionellen Verwendung der Weidenrinde als Schmerzmittel und Fieberhemmer inspiriert. Die Weide enthält den Stoff Salicin (abgeleitet von Salix, dem lateinischen Namen der Weide), der im Körper in Salicylsäure umgewandelt werden kann. Acetylsalicylsäure ist Aspirin und obwohl Aspirin als ein Analgetikum durch andere Mittel verdrängt wurde, wird es immer noch als Heilmittel gegen Hautkrankheiten und für die Blutgerinnung bzw. die sogenannte »Blutverdünnung« verwendet.

Diese Anwendungen können durch die Signatur der Weide erklärt werden. Davon, dass wir uns an eine wissenschaftliche Herangehensweise an Heilkräuter anschließen, die sich auf die Isolierung von sogenannten »Wirkstoffen« in den Pflanzen konzentriert, kann daher keine Rede sein. Eine Pflanze ist immer durch ihre humorale Wirkung, ihre planetare Energie und ihre spezifische Signatur medizinisch wirksam. Sie enthält bestimmte Substanzen, weil diese Substanzen (Teil-)Träger dieser Wirkung sind, aber es ist nicht umgekehrt.

Die Weide macht in ihrer großen Vorliebe für feuchte Orte sofort klar, welche Planetenenergie in diesem Strauch, dominiert, es ist der Mond, immer biegsam. Man sieht, dass aus den weichen, biegsamen Ästen der verschiedenen Weidenarten z. B. Zäune und Matten geflochten werden. Diese Flexibilität ist besonders stark in der Trauerweide, die ihre Äste vollständig hängen lässt. Es handelt sich um eine Mondsignatur par excellence. Die Mondsignatur erklärt auch die Wirkung der Weide als Fieberhemmer und Schmerzmittel, es ist die sanfte Wasserkraft des Mondes, die das Fieberfeuer mildert und eine leicht betäubende Wirkung hat. Der Mond herrscht astro-anatomisch über das Gehirn. Deshalb wirkt die Weide bei Kopfschmerzen, die Rinde bei Krämpfen der Gebärmutter und bei Magenbeschwerden. Magen und Gebärmutter sind Organe des Mondes.

Die anderen Wirkungen können durch die Antipathie und die Sympathie mit dem Mond erklärt werden, direkt oder durch Erhöhung. Weidenrinde ist ein Heilmittel gegen Hautbeschwerden, Rheuma und Gicht. Haut und Gelenke fallen unter Saturn (in Antipathie zum Mond). Sie ist gut bei Halsentzündungen und für die Nieren. Der Mond ist in Erhöhungssympathie mit Venus, und darunter fallen die Kehle und die Nieren. Es ist bemerkenswert, dass Aspirin auch heutzutage noch gegen viele der gleichen Symptome wie früher verwendet wird, wie zum Beispiel gegen Hautprobleme. Salicin und Acetylsalicylsäure sind als chemische Substanze offenbar Träger der Kräfte des Mondes. Selbst die Verwendung von Aspirin als Antikoagulans (gegen Blutgerinnung) wird durch die Mondsignatur erklärt, die Blutgerinnung fällt unter Saturn, der vom flüssigen Mond aufgelöst wird.

Alraune und Dornapfel – Narkotika – Saturn

Es gibt wenige Pflanzen, die so sehr von Legenden umgeben sind wie die Alraune. Die Wurzel der Alraune ist stark mit dem Tod verbunden, es hieß, sie sei auf Galgenfeldern sehr gewachsen und beim Ausgraben sei ein Todesschrei zu hören gewesen, gegen den man seine Ohren mit Wachs schließen müsse. In seinem berühmten Buch COMPLETE HERBAL behauptet Culpeper, dass die Pflanze unter Merkur fällt und nicht sehr giftig sei.

Das ist sicher nicht richtig. Die Alraune ist stark giftig und wie die Signatur zeigt, fällt sie unter Saturn. Die Alraunenwurzel hat die Form eines Menschen, ist also ein vergrabener Mensch, und daher kommt die Verbindung mit Tod und Finsternis zustande. Es zeigt auch, was die Pflanze tut. Sie kann, in der richtigen Form und Dosierung verwendet, stark erden und beruhigen. Die Alraune wurde früher bei Operationen als Betäubungsmittel verwendet. Die kalte und trockene Natur der Saturn-Pflanze bringt den Patienten in einen todesähnlichen Zustand, wie die Signatur »Mensch in der Erde« zeigt.

Aber in höheren Dosen trägt die Alraune Sie über die Schwelle von Saturn, jenseits der irdischen Grenzen. Das kann der Tod durch Vergiftung sein, aber es kann auch zu Wahnvorstellungen führen, die Grenzen der irdischen Substanz schützen Sie nicht mehr. Es scheint nicht zu weit zu gehen, die Signatur des »Männchen in der Erde« als Hinweis auf das Tor zur Unterwelt zu betrachten. Der Ruf der Alraune als Aphrodisiakum hat damit zu tun, dass sie die saturnalen Hemmungen wegnimmt.

Mit der Alraune verwandt ist die Datura, auch Stechapfel genannt. Dies ist ebenfalls eine sehr giftige Pflanze, ein Narkotikum und ein Halluzinogen, das unter Saturn fällt. Die Pflanze wächst bevorzugt auf Misthaufen und stillgelegten Flächen, was die Saturn-Signatur bestätigt. Jeder, der die Pflanze jemals gesehen hat, wird sie nicht so schnell vergessen, es ist eine ganz besondere Pflanze, vor der man direkt Respekt hat – es ist, als ob es eine Astralwolke um sie herum gäbe. Es geht beim Stechapfel um das Blatt, nicht um die Wurzel, aber die Wirkung ist ähnlich der der Alraune. Der Stechapfel beruhigt auch besonders bei Krämpfen, die natürlich unter Saturn fallen. Wegen der hohen Giftigkeit beider Hexenpflanzen (sie wurden früher genommen, um die Hexensalbe herzustellen, mit der Hexen »fliegen« konnten), können sie nur in spagyrischer oder homöopathischer Form verschrieben werden.

Es gibt also zwei Arten von Betäubungsmitteln, das lunare wie der Mohn, das die irdischen Grenzen auflöst (Antipathie mit Saturn, der Grenze), und das saturnale, das durch Sympathie die Tür zur Astralwelt wie mit einem Schlüssel öffnet.

Heiße und trockene Kräuter

Es ist eine kuriose Tatsache, dass eine deutliche Mehrheit der Kräuter traditionell als heiß und trocken bekannt ist. Das kann nur bedeuten, dass die Kräuter mit Hitze und Trockenheit ersten Grades im Wesentlichen als humorale Neutralität, als die Mitte der humoralen Skala gesehen werden können. Erst ab dem zweiten Grad können diese Kräuter zum Erhitzen und Trocknen genommen werden.

Engelwurz – Leuchtkraft – Sonne

Nach den alten Kräuterlisten ist der Engelwurz (Angelika) im 3. Grad erwärmend und im 2. Grad trocknend. Er ist eine Pflanze, die energisch gegen zu viel vom kalten und feuchten Schleim im Organismus arbeitet. Es wird gesagt, dass sie gegen »alle schlechten Feuchtigkeiten« wirksam ist und dass die Angelika »das Pneuma und das Blut an ihren Platz zurückbringt«. Das Pneuma ist die geistige Lebensenergie, die auch durch den Atem eingeholt wird und das Blut ist der sanguinische Humor. Die Angelikawurzel entfernt mit ihren starken, warmen und trockenen Qualitäten ein Zuviel an Schleim, der die Aufnahme der Lebensenergie und die Produktion des Blutes, des Humors des Lebens, verhindert.

Über die planetare Energie, die die Pflanze beherrscht, kann wenig Zweifel bestehen. Der Engelwurz ist eine große, königliche Pflanze, die vorzugsweise alleine steht und tatkräftig ihren eigenen Raum einnimmt. Die Blüten stehen auf einem imposanten, robusten Stiel in schirmförmigen, großen Kugeln. Er strahlt nach allen Seiten Kraft aus und es ist klar, dass hier die Energie der Sonne vorherrscht. Das wird schon durch den Namen angezeigt, der Engel ist der Botschafter Gottes, die reinste Sonnenenergie, die man haben kann.

Angelika ist also in erster Linie ein Tonikum, ein Kraut, das einen kalten, schwachen Organismus wieder mit warmer, vitaler Lebenskraft erfüllt. Die Pflanze verbindet sich mit dem Sonnenlicht und das erkennt man auf chemischer Ebene am Stoff Furo-Cumarin, der in der Angelikawurzel vorkommt. Diese Substanz kann eine übermäßige Lichtempfindlichkeit verursachen und sogar bei zu viel Licht Brandwunden. Das gilt übrigens auch für noch andere Sonnenpflanzen wie zum Beispiel Johanniskraut.

Die Wirkung von Engelwurz ist, als typisches Tonikum, sehr breit, sie durchdringt den Organismus mit Lichtkraft und Lebenskraft und reinigt den ganzen Körper von kaltem, trägem Phlegma. Es wirkt durch Antipathie stärkend auf die weiblichen Mondfunktionen, auf Menstruation und Gebärmutter, daher sollte es während der Schwangerschaft nicht verwendet werden, denn es könnte die Frucht austreiben. Es reinigt Magen und Darm, die auch unter den Mond fallen, und stärkt das Herz, natürlich durch Sympathie. Das Herz fällt unter die Sonne.

Es ist bemerkenswert, dass eine andere wichtige Kontraindikation für Engelwurz auch aus der astrologischen Signatur verstanden werden kann. Das Kraut sollte nicht verschrieben werden, wenn der Patient Blutverdünner nimmt, denn dann wird das Blut zu dünn. Angelika entfernt Phlegma, das das Blut verdicken lässt, und lässt es an seinen Platz »zurückkehren«. Also gut fließen! Es geht immer um die gleiche Realität im Körper, auch das Funktionieren der modernen Medizin und Medikamente kann aus alten Konzepten heraus verstanden werden.

Brennnessel – Feuerkraft! – Mars

Was die astrologische Natur der Brennnessel ist, zeigt sich natürlich offensichtlich. Schon als Kinder waren wir mit seiner stechenden Mars-Energie und seiner feurigen Natur unbehaglich vertraut. So wie das Sonnenkraut Angelika die Lebenskraft von Licht und Wärme in den Organismus bringt, fügt diese Pflanze martiale Kampfkraft hinzu. Mars und die Sonne sind beide Feuerplaneten, aber die Sonne ist das harmonisierende Feuer und Mars das brennende Feuer des Kriegers. Die streitbare Natur dieser Marspflanze wird durch ihre chemische Zusammensetzung bestätigt, die Härchen enthalten viele Neurotransmitter wie Acetylcholin, Cholin und Histamin, die das Nervensystem reizen. Man könnte also sagen, der träge Abfallstrom kommt wegen dieser Stimulierung in Bewegung, die Brennnessel ist eine echte Entschlackungspflanze.

Das passt natürlich zu der Natur des Mars, er ist ein Soldat, der

Dinge tatkräftig in Ordnung bringt und Ungerechtigkeiten entscheidend abstellt. Alles, was stecken geblieben ist und die Dinge blockiert, wird aufgeblasen und aus dem Körper gejagt. Darum werden junge Brennnesseln für eine Frühjahrskur verwendet, sie entfernen mit ihrem Feuer das träge Phlegma, das sich im Laufe der Wintertage angesammelt hat, der aktive Mars ermutigt zu einem frischen Neuanfang. Die Brennnessel wächst viel auf Deponien, was eine klare Signatur für ihre aufräumende Wirkung ist.

Die Pflanze wird als diuretisch beschrieben, sie fördert den Harnfluss, mit dem die Abfallstoffe entfernt und ein Zuviel an phlegmatischer Feuchtigkeit entfernt werden. Es fällt auf, wie hoch der Gehalt an »erdhaften« Mineralien in der Brennnessel ist. Das ist eine Nebensignatur des Erdplaneten Saturn. Dies wird dadurch bestätigt, dass man ja die robusten Netzfasern der Brennnessel sehr gut als Nesseltuch verarbeiten kann. Dies ist nicht der einzige Fall in der Natur, wo Mars Saturn an seiner Seite hat, schließlich sind sie durch Sympathie miteinander verbunden. Insofern machen sie die Pflanze zu einem sehr robusten Kämpfer.

Die Sympathie erklärt wieder viel von der Heilkraft der Brennnessel. Man weiß, dass sie bei einem Mangel von Energie und Kampfkraft, die natürlich unter den Mars fällt, hilft. Vor allem die Samen haben diese Wirkung. Das Kraut wird auch gegen eine Vergrößerung der Prostata eingesetzt, die als Bestandteil des männlichen Genitalorgans ebenfalls unter den Mars fällt. Aber auch die Sympathie über die Erhöhung ist deutlich, die Brennnessel wirkt gegen Ekzeme, die durch übermäßigen Schleim verursacht werden, und gegen rheumatische Beschwerden (Gelenke und Haut gehören zu Saturn). Genau wie der Engelwurz ist die Brennnessel ein breit wirkendes Stärkungsmittel gegen allgemeine phlegmatische Schwäche, die zum Beispiel aufgrund des Alters bestehen kann.

In dem bereits erwähnten Buch von Richard Saunders THE ASTROLOGICAL JUDGEMENT OF Physick ist der Hopfen eines der vielen verschriebenen Heilmittel. Das ist bemerkenswert, weil er in unserer Zeit sicherlich nicht zu den üblichen Heilkräutern gehört. Uns ist er bekannter als eine Zutat des Bieres, dem er einen bitteren Geschmack gibt und das durch ihn besser konserviert werden kann. Vom Hopfen wurden vor allem die blassgrünen Blüten gebraucht, das sind die weiblichen Blüten, die männlichen Blüten hängen wie Federn in der Blattachsel. In seinem COMPLETE HERBAL klassifiziert Nicholas Culpeper Hopfen unter Mars, aber das ist sehr unwahrscheinlich. Es ist doch sehr wenig Scharfes oder Feuriges in diesen blassen, eiförmigen Blüten zu erkennen.

Eher denkt man doch an den Mond, wegen der blassen Farbe der Blüten, was auch durch ihre Verwendung im Bier, dem flüssigen Brot, bestätigt wird. Die tägliche Ernährung und die Flüssigkeit fallen unter den Mond. Der Hopfen ist sehr stark mit dem Weiblichen verbunden. Früher wurden die Hopfenpflückerinnen für ihre schönen Brüste gelobt und es ist bekannt, was mit Männern passiert, die durch ihr tägliches flüssiges Brot eine übermäßige Menge an Hopfen erhalten. Chemisch wird dies durch die Tatsache bestätigt, dass der Hopfen Substanzen enthält, die Östrogenen ähneln, also weiblichen Hormonen. Obwohl Hopfen humoral warm und trocken ist und gegen ein Übermaß an Schleim wirkt, kann die Schlussfolgerung nur sein, dass das Kraut auf der Planetenebene unter den Mond fällt.

Die Mondsignatur wird stark in der Funktion von Hopfen als Beruhigungsmittel ausgedrückt, er beruhigt, lässt schlafen und hilft bei mittelschwerer Depression. Schließlich ist der Mond auch der Planet, der die Emotionen und das Gehirn regiert. Hopfen beruhigt nicht nur bei Nervosität, er unterdrückt auch den Sexualtrieb, vielleicht war das einmal ein Grund, warum Mönche ihn dem Bier hinzufügten.

Die Verbindung mit dem weiblichen Mond ist ausgeprägt,

Hopfen stimuliert die Produktion von Muttermilch, treibt die Menstruation an (Mond = Monat) und kann bei Wechseljahrbeschwerden eingesetzt werden. Diese starke Wirkung auf den Hormonhaushalt wird durch die Signatur angezeigt, in den Blüten befinden sich gelbrote »Drüsen«. Wie man es vom flüssigen Mond erwartet, hilft der Hopfen bei Problemen mit der Blase. Man kann sagen, dass der Hopfen mit seinen starken lunaren Kräften auf allen Ebenen, emotional und physisch, das Wasserelement harmonisiert.

Seifenkraut – extrem heiß und trocken – Venus

Das Seifenkraut sieht mit seinen rosigen Blüten schön aus, aber Vorsicht, der Schein trügt, es ist bekannt als eines der heißesten und trockensten Kräuter überhaupt. In der Liste, die die Wirkung auf die Humores angeben, werden Hitze und Trockenheit dem vierten Grad zugeordnet! Dies zeigt einmal mehr, dass es in der astrologischen Kräuterlehre wichtig ist, die Ebenen der Planeten und der Elemente klar zu unterscheiden. Venus ist grundsätzlich kalt und feucht, aber das bedeutet nicht, dass alle Venus-Kräuter kühlend und feucht wirken.

Das so heiße und trockene Seifenkraut veranschaulicht das par excellence. Nicht nur die schönen rosa Blüten zeigen die Signatur der Venus, der Name spricht auch Bände, tatsächlich wird die Pflanze seit jeher als Seife verwendet. Der Zweck von Seife ist es, wieder etwas Schönes und Repräsentatives zu schaffen, und das ist offensichtlich eine klare Venus-Signatur, aber der heiße und trockene Charakter spielt auch eine Rolle in dieser Funktion. Denn um festsitzenden Schmutz zu lösen, braucht man natürlich feurige Kraft, um den klebenden Schleim loszuwerden. Das Seifenkraut wird wegen seiner feurigen Natur auch als »schleimlösend« angesehen, das heißt, es verdrängt Phlegma, insbesondere aus dem Rachen und der Lunge.

Die Kehle fällt unter die Venus, da haben wir die direkte Sympathie, und der Luftplanet Jupiter ist Mitherrscher über die Lungen, mit denen die Venus durch Erhöhung in Sympathie ist. Seifenkraut reinigt die Leber, das Hauptorgan von Jupiter, und daher kann sein anderer Name, das »Beulenkraut«, erklärt werden. Durch die Leber wirkt Seifenkraut heilend auf die Haut, die als Notfallventil für reduzierte Entgiftung über die Leber dient. Bei Geschlechtskrankheiten, Krankheiten der Venus (Lust) wurde es also in früheren Zeiten eingesetzt und es hat eine deutliche Wirkung auf die Nieren, das Hauptorgan der Venus.

Baldrian – Nervenkraut – Merkur

Der Baldrian darf natürlich in dieser Übersicht nicht fehlen, mit Kamille ist er wohl eines der bekanntesten Kräuter, auch weil er der Namensgeber und das Hauptbestandteil des bekannten natürlichen Beruhigungsmittels Valdispert ist. Baldrian ist ein ausgesprochen gutes Mittel für die Nerven und das zeigt sofort, welche Planetenenergie in dieser Pflanze dominiert. Es ist Merkur, denn das Nervensystem fällt unter den beweglichen Planeten.

Eine der Merkur-Signaturen ist klein–viel und das sieht man deutlich an den vielen feinen Blüten der Pflanze. Auch die merkuriale Signatur der Vielfarbigkeit trifft zu, die Farbe variiert von reinem Weiß bis zu tiefem Pink und hellem Violett. Die Farbe, die eine einzelne Pflanze hat, sagt auch etwas über ihre spezifische Wirkung aus: Je mehr Rot sie enthält, desto wärmer ist sie. Es fällt auch auf, dass der Baldrian viele Unterarten hat und dass die chemische Zusammensetzung mehr variiert als es bei Heilkräutern normal ist. Auch an dieser Vielfältigkeit erkennt man Merkur.

Baldrian ist nach den Büchern eine warme und trockene Pflanze des zweiten Grades. Sie hat also schon einen sehr spürbaren Einfluss auf den Körper. Wie ich oben sagte, sind Kräuter mit einem ersten Grad von Hitze und Wärme ziemlich mild und eine sehr deutliche Wirkung erhalten Sie erst im zweiten Grad. Der heiße und trockene Baldrian wirkt nur beruhigend bei Unruhe und Schlaflosigkeit, die auf einen Überschuss des kalten und feuchten Schleims zurückzuführen ist, und nicht, wie im Falle einer Reizüberflutung des Nervensystems, zum Beispiel durch einen cholerischen

Überschuss, ein Übermaß an Feuer. Man kann also Baldrian nicht bei jeder Form von Unruhe einnehmen denn wenn diese Unruhe von einem Feuerüberschuss herrührt, wird man es nur noch verschlimmern. Das zeigt einmal mehr, wie wichtig es ist, zunächst das grundsätzliche Ungleichgewicht der Humores zu bestimmen.

Baldrian wächst vorzugsweise in der Nähe von Gräben und Flüssen, also auf feuchten Böden, was seine Verbindung mit dem Wasserelement zeigt. Er wächst über der Feuchtigkeit, die er mit seiner Hitze und Wärme neutralisiert. Baldrian wurde auch von Bauern benutzt, um die Milch zu »enthexen«. Wenn sich das Butterfett beim Aufschütteln nicht von der Milch löste, wurde es durch einen Baldriankranz gegossen. Das spiegelt genau, was Baldrian tut, wenn etwas kleben bleibt (Schleim »klebt«) wird es losgemacht, gelockert. Das Kraut schneidet also zu enge Verbindungen ab, und das gilt sowohl psychologisch als auch magisch-energetisch, denn diese Bereiche sind sehr eng verwandt. Die antimagische Wirkung ist sehr breit, das Kraut wird auch über Türen gehängt, um alle Arten von klebenden, astralen Einflüssen und Wesen abzuwehren. Medizinisch ist es bei allen Symptomen eines geschwächten, überreizten Nervensystems, bei Schlaflosigkeit, Angstzuständen, Epilepsie, Migräne, Nervosität, Herzklopfen und Darmkrämpfen gleichermaßen gut anzuwenden.

Sonnentau – ein animalisches Kraftpaket – Sonne

Ein Blick auf diese Pflanze reicht aus, sie fällt mit ihrer sehr typischen gelb-roten Kugelform unter die Sonne. Die Pflanze ist beinahe eine kleine Sonne, ihre Kugelform ist mit Strahlen besetzt, an denen dann eine Art Tautropfen hängt. Die Strahlen sind die Haare, mit denen der Sonnentau das tut, wofür er berühmt ist, nämlich Insekten fangen. Falls Sie es beim Anschauen der Pflanze noch nicht bemerkt haben, es ist etwas Extremes dabei, Tiere zu fangen, das ist etwas, was man als Pflanze nicht tut. Sie überschreitet die Grenzen des Pflanzenreichs und nimmt eine tierische Form an. Der Sonnentau sieht auch ein bisschen wie ein Raubinsekt aus, er sieht nicht sehr vegetabil aus. In jedem Fall bedeutet dies, dass es sich um einen Kraftprotz handelt, ein Heilkraut, von dem man eine sehr starke Wirkung erwarten kann.

Dies wird durch die humoralen Wirkungsgrade der Sonnenrose, wie die Pflanze lateinisch auch heißt, bestätigt, die auf Hitze und Trockenheit des vierten Grades zurückzuführen ist. Es gibt wenige Pflanzen, die einen so hohen Grad haben. Das spiegelt sich deutlich in den Kontraindikationen wider, Sonnentau kann schnell Magenprobleme und Rötungen und Reizungen auf der Haut verursachen. Er ist kein Kätzchen, das man ohne Handschuhe anfassen kann, aber was erwartet man von einer Pflanze, die Tiere jagt? Der Sonnentau kann Stickstoff sehr effizient über die gefangenen Insekten aufnehmen und das chemische Element Stickstoff gehört zum astrologischen Element Luft, das natürlich mit Bewegung und Atem verbunden ist.

Das ist die Signatur, die in einem der wichtigsten Anwendungsgebiete des Sonnentaus, nämlich bei Atemwegserkrankungen, auftaucht. Der Sonnentau ist extrem stark antiphlegmatisch, und Schleimbildung ist eines der größten Probleme in den Atemwegen, Schleim wird in den Lungen gespeichert. Es gibt also keine direkte Wirkung auf die Lunge, Sonnentau ist kein Merkur-Kraut, aber ganz allgemein wird eine sehr starke antiphlegmatische, vitalisierende Kraft eingeführt, man könnte sagen, es wird tierische Lebenskraft zugeführt. Diese vitale Sonnenkraft kann in anderen medizinischen Anwendungen gesehen werden, das Kraut stärkt den Sexualtrieb über Erhöhungssympathie (die Sonne ist im Mars-Zeichen Widder erhöht) und hilft durch Antipathie bei Beschwerden, die aus einem zu kalten, geschwächten Magen mit zu wenig Verdauungsfeuer entstehen. Der Magen fällt unter den Mond. Auch auf andere Mondorgane wie Blase und Gehirn kann der Sonnentau eine heilende Wirkung haben. Das Kraut hilft, wie zu erwarten, wenn sich Flüssigkeit angesammelt hat, und bei Arteriosklerose. Der gesamte Kreislauf fällt ja unter die Sonne.

Dieses Kapitel gibt nicht vor, in irgendeiner Weise vollständig zu sein, es gibt viele wichtige Kräuter, die nicht besprochen werden konnten, schließlich ist dies kein Kräuterhandbuch. Allerdings wurden einige der wichtigsten und/oder sehr auffälligen Kräuter besprochen, und es geht darum, zu zeigen, wie man praktisch mit Signatur arbeiten kann. Natürlich sind die kosmischen Prinzipien der Sympathie und daraus abgeleiteten Antipathie entscheidend. Es sind diese Prinzipien, auf denen die ganze Magie beruht, und es ist gut zu erkennen, dass Heilung mit Kräutern, Edelsteinen und Metallen in der Tat magisch ist, in diesem Sinne des Wortes zumindest. Wer die Prinzipien versteht, kann kreativ sein und die Texte nutzen, um flexibel Lösungen zu suchen. Buchstäblich dem Text zu folgen, führt natürlich nicht automatisch zur Entwicklung einer guten vitalen klassischen Astrologie.

Die geheimnisvolle Heilkraft von Metallen

In der traditionellen Alchemie gelten Metalle als »Planeten auf der Erde«. Dies sind in erster Linie die sieben klassischen Metalle, die traditionell mit den klassischen Planeten assoziiert werden (unten). In diesem Diagramm erscheinen die äußeren (transpersonalen) Planeten nicht, weil sie keine realen Planeten sind, sie gehören nicht in die astrologische Grundstruktur. Diese Struktur wird durch die Zahlensymbolik von 3 und 4 bestimmt, 3 + 4 ergibt 7 Planeten, 3 x 4 ergibt 12 Zeichen. Die Drei steht für den Geist, die Vier für die Materie und genau das ist der Kosmos, Staub, der vom Geist durchdrungen ist. Die äußeren Planeten haben eine Rolle, aber nicht als planetare Grundenergien, und deshalb wird kein Metall den äußeren Planeten zugeordnet.

Dass die Metalle als Planeten auf der Erde betrachtet werden, bedeutet, dass sie der reinste und stärkste Ausdruck der planetaren Energien sind, sie sind mächtiger als Kräuter oder Edelsteine. Das ist auch der Grund, warum sie als Arzneimittel wichtig sind, obwohl sie nicht wie ein Kraut eingenommen werden können. Zuerst müssen sie gereinigt werden, und die optimale Methode dafür ist die Alchemie. Mithilfe von starken Säuren wird dann die Essenz aus dem Metall extrahiert. Diese Methode ist sehr arbeitsaufwendig und gefährlich, die Herstellung und Verarbeitung der Säuren kann nur in einem professionell ausgestatteten Labor sicher durchgeführt werden. Es sind Essenzen einer Reihe von Metallen auf dem Markt verfügbar, nur die von Blei und Quecksilber, den giftigsten Metallen, nicht.

Wenn keine alchemistische Essenz verfügbar ist, kann auf homöopathische Mittel zurückgegriffen werden, Standard ist im Allgemeinen die harmonisierende D-15-Potenz. Diese Mittel enthalten ebenfalls das Wesen der planetarischen Kraft, dank eines Prozesses der Verdünnung und des Schüttelns, wenn auch in einer weniger ausgeglichenen Form als die alchemistischen Mittel.

Durch diese Reinigungsmethoden, homöopathisch oder alchemistisch, wird das Metall von seiner physischen Form befreit und man erhält Zugriff auf die reine planetare Kraft. Die Verschreibung erfolgt genau wie bei Kräutern nach den Prinzipien der Sympathie-Antipathie und nach den Symptomen. In der Alchemie Indiens sind so genannte Bhasmas und Pishtis aus Metallen und Edelsteinen erhältlich, die im Westen nicht zu finden sind. Dies sind sehr starke Mittel, die mit anderen als westlichen Methoden zubereitet werden, sodass starke Säuren nicht verwendet werden.

Von alters her ist die Verarbeitung von Metallen mit einem dunklen Aspekt verbunden, der Schmied lebt in traditionellen Kulturen oft außerhalb des Dorfes. Das kommt daher, dass die Metalle die reinen, rohen Planetenkräfte enthalten und es nicht ungefährlich ist, mit dieser starken Energie zu arbeiten. Vor allem die stoffliche Hülle der Metalle ist das Problem, das in der jüdisch-kabbalistischen Tradition stark mit den sogenannten Qlipoth oder Schalen, der unausgewogenen und damit schädlichen Seite der planetaren Energie, verbunden ist. Die Entfernung dieser physikalischen Hülle ist entscheidend und dies geschieht in einem alchemistischen Reinigungsprozess. Rohes, unbearbeitetes Metall kann nicht als Medizin verwendet werden, und das gilt auch für Edelsteine, von denen Pulver gekauft werden können.

Planet	**Metall**
Saturn	Blei
Jupiter	Zinn
Mars	Eisen
Sonne	Gold
Venus	Kupfer
Mond	Silber

Abbildung 2: Planetenkräfte und Metalle

Im Folgenden werden zuerst die sieben klassischen Metalle besprochen und dann werden die Symptome, gegen die sie arbeiten, in Tabelle 2 zusammengefasst. Am Ende dieses Kapitels wird eine Reihe von Metallen angeführt, die nicht zu den klassischen Metallen gehören, aber als Medizin verwendet werden können, wie zum Beispiel Antimon, das mit der Inkarnation auf der Erde in Verbindung gebracht wird.

Die sieben klassischen Metalle

Blei – die alte Schlange

Das Metall, das zu Saturn gehört, ist bekanntlich das Blei und zusammen mit dem Quecksilber ist es das giftigste der sieben traditionellen Metalle. Mit giftigem Quecksilber und Blei haben wir sofort auch die beiden Metalle ergriffen, die eine Teufels-Symbolik haben. Nicht der kleine Übeltäter Mars steht für den Dämon, dies ist in allen Traditionen der unmoralische Merkur. Dieser Planet kennt keinen Standard und keine Norm, alles ist für ihn nur ein Mittel zum Zweck, nur Technik. Genau wie Quecksilberkugeln schießt er in alle Richtungen und dringt überall geschickt und schlau ein, um seine perfide Arbeit zu verrichten. Wer sich ein Bild von der bösartigen Natur Merkurs als Teufel machen will, sollte sich in dieser modernen Welt gut umsehen. Unsere Zeit wird hauptsächlich von Merkur-Energie bestimmt, der entfesselte Merkur (zweifelhafte, undurchsichtige Finanzprodukte) ist auch der Grund der Wirtschaftskrise.

Aber jetzt geht es um die andere teuflische Brut: Saturn oder das Blei. Wieder ist es die Sprache, die uns so viel zeigt: schwer wie Blei, bleiern, eine bleierne Last. Hier haben wir es eindeutig nicht mit einer angenehmen, lieblichen oder strahlenden Energie zu tun. Die graue Farbe und die sehr starke Giftigkeit von Blei zeigen sofort, dass Saturn hier im Spiel ist. Mit einem Edelstein oder einer Pflanze kann es manchmal schwierig sein, sofort zu erkennen, welcher der

Planeten zuzuordnen ist, aber bei Blei liegt es sofort auf der Hand, dass es sich um Saturn handelt. Von allen Naturstoffen lassen die Metalle in ihrer Erscheinung und ihren Eigenschaften die planetare Symbolik am deutlichsten und am saubersten sehen.

Interessant ist, dass dies bis ins kleinste Detail im praktischen Umgang mit Blei so gut funktioniert, sowohl heutzutage als auch früher. So wurde und wird das Metall zu Benzin hinzugefügt, um die Verbrennung zu verlangsamen. Früher wurde es auch oft in Farben verwendet, weil bleihaltige Farbe haltbarer war als gewöhnliche Farbe. Blei ist das Metall, das elektrischen Strom am wenigsten leitet. Es wird auch verwendet, um Menschen vor radioaktiver Strahlung zu schützen, eine dicke Schicht Blei ist undurchdringlich. Das alles ist sehr gut als hemmender und träger Saturn erkennbar.

Es gibt auch eine klare Verbindung mit Wahnsinn und Enthemmung, etwas, das wir von solch einem melancholischen Saturn-Metall erwarten können. Das funktioniert erstaunlich konkret. Zum Beispiel wurde festgestellt, dass die Körperhaare von kriminellen psychiatrischen Patienten im Vergleich zu gesunden Menschen einen stark erhöhten Bleigehalt aufweisen. Dies bedeutet, dass die psychische Verwirrung und der völlige Mangel an Hemmungen auch durch eine zu hohe Bleiabsorption aus der Umgebung (mit-) verursacht werden können, möglicherweise aufgrund der schlechten Funktion bestimmter Organe. Die Messung des Bleigehaltes könnte ein guter objektiver Standard sein, um zu sehen, ob man einen Patienten ohne große Gefahr gehen lassen kann, dann muss man sich nicht ausschließlich auf die immer so subjektiven Untersuchungen verlassen.

Bleivergiftung wurde in alten Zeiten auch »Saturnismus« genannt, weil die Symptome einen so melancholischen Charakter hatten: Depressionen, Appetitlosigkeit, Schmerzen in Gelenken und Beinen, Verstopfung und ein niedriges Energieniveau. Blei, das in den Körper gelangt, wird auch hauptsächlich in den Knochen (Saturn) gespeichert und es ist sehr schwer zu entfernen, es bleibt dort für eine lange Zeit. ADHS-ähnliches Verhalten und Angstzustände bei Kindern können teilweise durch hohe Bleiaufnahme verursacht werden, insbesondere in Städten mit viel Verkehr. In Bezug auf Blei geht es also vor allem um Disziplinierung und das richtige Maß, ein wahres Saturnthema.

Es ist zynisch zu sehen, dass eine Gesellschaft, die Saturn so stark verdrängt hat, den Planeten jetzt auf eine andere Art und Weise wieder aufgetischt bekommt. Unkontrollierter Verkehr erhöht die Bleibelastung im Blut und führt dazu, dass Kinder unter enthemmtem Verhalten und Konzentrationsschwäche leiden – was wiederum Bildung und Lernprozesse erschwert. Dieses Phänomen ist nicht mehr als das allgemeine Prinzip von Saturn in Aktion, er zahlt mit derselben Münze zurück. Wer sich nicht selbst einschränkt, wird begrenzt – aber das passiert immer mit viel Elend. Wer den Standard überschreitet, stört das Gleichgewicht, schafft Elend und erhält schließlich den Saturn-Bumerang zurück. Hätte Eva das nur besser verstanden, als sie damals im Garten Eden der Alten Schlange so bereitwillig ihr Ohr lieh.

Bleipräparate wirken gegen Krankheiten, die mit dem Planeten Saturn in Verbindung gebracht werden können, Probleme mit der Haut, den Knochen, Demenz, Sucht, allen Verhärtungsprozessen und psychologisch gegen übermäßige Starrheit.

Zinn

Das Metall, das zu Jupiter gehört, ist Zinn und das ist weniger deutlich. Um zu sehen, dass das Gold unter die Sonne fällt, Silber unter den Mond und Quecksilber unter Merkur, müssen wir nicht sehr subtil sein, aber Zinn unter Jupiter? Es gibt hier auch eine gewisse Zurückhaltung und Ausgewogenheit, die dem großen Wohltäter zu eigen ist. Er schreckt nicht davor zurück, sich zu manifestieren, aber er ist nicht der König selbst und er muss dies immer berücksichtigen. Ein Herzog ist eine respektable Person, aber er spielt die zweite Geige. Zinn ist auch kein Metall, das bei den meisten Menschen sofort ein Gefühl wie für zum Beispiel für Gold hervorruft, am bekanntesten sind noch die Zinnsoldaten.

Das führt direkt zu einem Aspekt von Zinn, den man als sehr

angenehm jovial (lat. *Iovis* = Jupiter) benennen kann. Zinn ist absolut ungiftig und kann auch sehr leicht verwendet werden. Hier kommt der Aspekt der Nützlichkeit von Jupiter, Jupiter-Dinge sind nützlich und es gibt wenige Nachteile. Es sind immer »schöne Dinge für die Menschen«. Von allen sieben »Planet-Metallen« ist Zinn am weichsten und biegsamsten, hat einen niedrigen Schmelzpunkt (Zinnsoldaten) und man muss nicht aufpassen. Wie anders ist das Gegenstück zu Zinn, das schwer giftige und gefährliche Quecksilber (Merkur ist in Antipathie mit Jupiter) mit seinen tödlichen Dämpfen und seinem unkontrollierbaren flüssigen Charakter.

Es fällt auf, dass die Bronze immer die dritte Medaille ist. Nach Gold und Silber, den Metallen der Lichter Sonne und Mond, wird die Bronze als dritter Preis vergeben, ein Zeichen dafür, dass eine gute Leistung erreicht wurde. Bronze ist eine Legierung aus Kupfer und Zinn und somit eine Kombination der Metalle der Wohltäter Venus und Jupiter. Eine Eisen- oder sogar eine Bleimedaille – die »Übeltäter«-Metalle – wäre völlig undenkbar. Bronze ist natürlich auch das Metall der Bildhauer, und was könnte passender sein? Die erhabenen Ideen des Jupiter drücken sich in den irdisch schönen Formen der Venus aus. Venus allein wäre nur leere Spielerei. Die Zugabe von 10 % Zinn macht das Kupfer sofort doppelt so hart, es kompensiert die zu süße, schwache Natur des Venus-Kupfers.

In früheren Zeiten war der Gebrauch von zinnernen Tellern, Schüsseln und Bechern weit verbreitet. Dies hatte nicht nur mit der oben erwähnten einfachen Verwendbarkeit des Zinns zu tun, das Metall wurde auch als gesund angesehen. Jupiter als der große Wohltäter gibt ein langes Leben und trägt zur Aufrechterhaltung der Lebensenergie bis ins hohe Alter bei. In unserer Zeit mag das Zinngeschirr verschwunden sein, Jupiter als kosmischer »Frischhalter« wird immer noch intensiv genutzt, Zinn ist nämlich ein wichtiges Konservierungsmittel für Lebensmittel.

Darüber hinaus gibt es eine Reihe von auffälligen Formen der Zinnverwendung, die eindeutig mit seiner reinen, jovialen Natur übereinstimmen. In der anthroposophischen Medizin wird Zinn in verschiedenen Formen gegen Verhärtungskrankheiten (Antipathie zu Saturn), Depressionen (gegen Saturn) und Lebererkrankungen (Sympathie) eingesetzt. Im Theater wird der Klang des Donners mit Zinnfolie nachgeahmt (Zeus-Jupiter ist der Donnergott) und Zinnkapseln werden verwendet, um Weinflaschen zu versiegeln. Man muss beinahe lachen, wenn man überlegt, wo Zinn in verschiedenen Kombinationen mit anderen Metallen vorkommt. Eine Legierung mit Blei ist das Material, aus dem Orgelpfeifen gegossen werden, eine Jupiter-Saturn-Kombination, die sehr gut für Kirchenorgeln geeignet ist (Jupiter ist der Verkündiger). Bronze (Legierung mit Venus-Kupfer) wird natürlich in Kirchenglocken verwendet und Blech ist Stahlplatte mit einer Zinnschicht, weil auf diese Weise Rosten verhindert wird!

Zinnpräparate wirken bei Erkrankungen der Leber, des Bindegewebes (Arthrose), Schwellungen und Ödemen und psychisch gegen depressive Stimmung.

Eisen

Oft wurde es schon gesagt: Welches Metall könnte sonst zum Mars gehören als das Eisen? Das Eisen ist so klar mit Waffen, Schärfe und Kampfgeist verbunden – es ist einfach nicht zu übersehen. So funktioniert es auch im menschlichen Körper, ein Mangel an Eisen macht müde und schlapp. Ein sehr klarer Fall ist der Eisenmangel, der so oft während einer Schwangerschaft auftritt. Im Körper einer schwangeren Frau sind die wässrigen Gegenkräfte des Mars – der Mond und die Venus – so stark entwickelt, weil sie das Kind ernähren und schließlich austreiben, dass die Feuerkraft »weggespült« wird. Extra-Eisen, zum Beispiel aus Brennnesseltee, kann dann notwendig sein, um die Willenskraft und die Energie zu erhalten.

Eines der auffälligsten Merkmale des Mars-Metall-Eisens ist das des Feuermetalls, das stark auf die Erde fokussiert ist. Die Sonne – verbunden mit dem anderen Feuermetall Gold – ist auch ein Feuerplanet, aber dieser ist »höher«, er hat mit dem Herzen zu tun, mit der Vitalität und kann als das sichtbare Bild Gottes in unserer Welt angesehen werden. Wir sehen auch, dass man das solare Metall Gold als Primärfeuer betrachten kann. Mars – mit seinem Metall Eisen – ist jedoch das Sekundärfeuer, das viel mehr auf die »niedere« Erde fokussiert, das ist wieder die Verbindung der beiden Übeltäter, die schon erwähnt wurde, weil Saturn ein Erde-Planet ist. Mars ist das Feuer – eiserne Werkzeuge und Waffen – mit denen der irdischen Realität – Saturn – materielle Form gegeben wird.

Das spiegelt sich wörtlich in der Funktion wider, die Mars im Blut hat, nämlich die Aufnahme des Gases Sauerstoff aus der Luft. Es ist nämlich das Mars-Metall Eisen im Hämoglobin, an das der flüchtige Sauerstoff in stofflicher Form gebunden und von dem er dann an den Ort gebracht wird, wo er zur Energieerzeugung durch Verbrennung (Mars) genutzt wird. Das Eisen hält die Energiezufuhr aufrecht, indem es auch das Kohlendioxid bindet und es zur Ausatmung wieder in die Lunge bringt. Das Atmen bringt Lebensenergie (Sonne) ein, aber dieser Prozess kann nur verlaufen und stofflich werden durch die Kraft des martialen Eisens.

Dieser Prozess bildet eine exakte Parallele zum Herzimpuls als geistige Idee (Sonne), die von der Muskelkraft (Mars) in der irdischen Realität (Saturn) geformt wird. Diese Erdgebundenheit von Mars/Eisen kann sehr materiell in der Erdkruste selbst gesehen werden, in der 5 bis 6 % Eisen gefunden werden. Das ist 500-mal mehr als die anderen Metalle zusammen! Das martialische Eisen ist das vorherrschende Metall, das der irdischen Realität Leben gibt. Auf allen Ebenen, von der Atmung, von der Entstehung und Ausführung der Ideen bis zur Zusammensetzung der Erdkruste, sehen wir dieselbe astrologische Symbolik.

Eine sehr auffällige Parallele gibt auch der Planet Mars selbst. Wie oft heißt es nicht, dass dieser Planet der Erde am ähnlichsten ist und dass die Erde und der Mars eine Art Bruderplaneten seien (Mars ist auch der natürliche Signifikator für Brüder!). In Fantasien über bewohnte Planeten hat der Mars oft eine wichtige Rolle gespielt und immer noch suchen die Menschen auf diesem Planeten aktiv nach Wasser und anderen Anzeichen dafür, dass Leben da sein könnte oder gewesen sein könnte. Die alte Fantasie von den grünen Männchen hat also eine andere, »wissenschaftlichere« Form angenommen, ist aber immer noch quicklebendig – und kostet heute viel mehr als früher. Es ist auch die Tatsache, dass Mars wegen des vielen Eisens auf dem Planeten rot ist, etwa 15 % der Marskruste besteht aus dem martialischen Metall.

Eine sehr auffallende Anwendung dieser Affinität des niederen Eisen/Mars-Feuers zu den irdischen Kämpfen spiegelt sich im Stahl wider. Es wird klar sein, dass Eisen als das Mars-Metall viel mit Waffen und Kriegsführung zu tun hat – aber das passiert heute mit einem noch mehr irdisch gemachten Eisen: dem Stahl. Durch das Einmischen einer kleinen Menge Kohlenstoff – ein paar Prozent – wird das Eisen noch härter und zum Supermetall, das für die Herstellung aller Arten von Waffen geeignet ist. Kohlenstoff gehört zur Erde (Saturn): Dies ist die wahre okkulte Metallurgie, die nicht auf Wissenschaft beruht, sondern auf der Einsicht in die Planetenkräfte und Signaturen.

Außerdem gibt es noch einen anderen Planeten, mit dem der Mars deutliche und sehr intensive Verbindungen hat, und das ist die Venus, die sein Gegenüber darstellt. Vieles von dem, was auf dieser Erde passiert, hat mit dem ewigen Tanz dieser beiden Kräfte zu tun. Aber diese Verbindung ist keine metaphysische Spekulation, wieder sehen wir dies wörtlich im Auftreten der begleitenden Metalle. Kupfererz – Kupfer gehört zur Venus – wird fast immer zusammen mit Eisenerz gefunden und Kupfer wird auch benötigt, um den Eisenprozess im Körper und beim Atmen zu unterstützen. Wenn Mars aktiv ist, kommt sein ewiger Gegenpol Venus schnell auf die Bühne, um die Sache auszubalancieren.

Es gibt eine Reihe von Metallen, die der Anthroposoph Rudolph Hauschka als »Brüder« des Eisens betrachtet: Kobalt, Nickel und Mangan. Sie alle scheinen eine etwas teuflische Verbindung zu haben, so wird der Name Kobalt von »Kobold« abgeleitet, einem etwas düsteren Erdgeist, und der Begriff »Nickel« leitet sich von »Nick« ab, einem populären Namen für den Teufel. Vielleicht hat der heiße, erdgebundene Charakter des Mars etwas damit zu tun. Dennoch scheint Hauschka es sich etwas einfach zu machen, denn wir können hier besser von drei Brüdern und Schwestern sprechen, denn wo Mars erscheint, ist auch Venus ist nicht weit weg!

Jedes dieser eisengebundenen Metalle nimmt auf der Mars-Venus-Achse oder auf der Eisen/Kupfer-Achse eine bestimmte Position ein. Kobalt ist dem Eisen immer noch sehr ähnlich, da es die Bildung von roten Blutkörperchen und die Eisenaufnahme im Dünndarm stimuliert! Dabei stärkt es die freie Lebensfreude, die Initiative und die Tendenz zum wilden Scherzen: den Kobold. Dies steht nahe dem feurigen Eisen des Mars. Nickel ist schon was weniger eisenartig, es regt die Eisenaufnahme an, fördert aber auch die Kreativität und das Gefühl der Geborgenheit. Aber mit Mangan haben wir uns noch weiter auf der Achse Mars-Venus bewegt, das Metall bringt Herzlichkeit und Einfühlungsvermögen und reduziert Kampfgeist und Rachegefühle. Im letzteren Fall haben wir sicherlich mehr mit Schwester Venus zu tun.

Es fällt auf, dass diese Metalle mit gemischten Signaturen aus Venus/Mars heute weitgehend zur Energiegewinnung genutzt werden, eine Parallele der Eisen/Kupfer-Ergänzung in der Energieversorgung im menschlichen Körper. Mars und Venus zusammen sorgen für Energie. Wenn man für einen Moment weiterdenkt, kommt man zu einem tieferen Schlüssel, zum Konzept von Erotik und Liebe. Die martialische und venerische Energie von Männern und Frauen erzeugt auch Energie in ihrem ewigen Tanz und ihrer Balz – genau wie im Dynamo, wo Eisen und Kupfer zusammen in einem Magnetfeld Strom erzeugen, der für viele verschiedene Zwecke genutzt werden kann.

Eisenpräparate wirken bei sexuellen Störungen, Problemen mit der Galle, dem Energiehaushalt, dem Immunsystem und der Muskelentwicklung, psychisch bei zu wenig Willenskraft oder zu großer Wildheit.

Das Metall der Sonne ist natürlich das Gold – und wie! Als das Metall, das zum Symbol der göttlichen Macht gehört, nimmt es eine besondere Position ein. Gold wurde traditionell immer mit der Macht und dem Reichtum der Monarchie verbunden. Es ist auch als chemischer Stoff königlich unangreifbar. Gold bildet sehr schwer Verbindungen und kann nur mit einer sehr starken Säure wie Königswasser, einer Mischung aus Salzsäure und Salpetersäure, zu Goldchlorid gelöst werden. Es ist das Chlorgas aus dem Königswasser, das mit dem Gold reagieren kann, es ist praktisch die einzige Substanz, die es kann. Gold wird daher zu Recht als Edelmetall bezeichnet, das Metall bleibt immer es selbst und außerhalb aller Verbindungen.

Dies spiegelt sich in der ausgewogenen und stabilen Sonnenposition in der Mitte der Planetensphären wider. Die Erde ist natürlich auch der Mittelpunkt im geozentrischen System, aber die Sonne steht auf andere Weise zentral. Denn in vielerlei Hinsicht nimmt die Sonne einen Mittelpunkt zwischen den Planeten ein, zum Beispiel gibt es drei Planeten über der Sonne und drei unter der Sonne. Es gibt drei Planeten, die langsamer sind, und drei Planeten, die schneller sind, obwohl sich Venus und Merkur in ihrer Durchschnittsgeschwindigkeit nicht so stark von der Sonne unterscheiden.

In Analogie zu diesen Positionen sehen wir, dass die Leitfähigkeit von Wärme und Elektrizität sehr niedrig bei Blei, dem Saturn-Metall ist. Sie nimmt stetig zu bis hin zum Silber, das zum Mond gehört. Es besteht also eine klare Korrelation zwischen der Geschwindigkeit und Position des Planeten im Sonnensystem und der Fähigkeit des zugehörigen Metalls, zu geleiten. Die Sonne besetzt mit dem Gold auch hier wieder die Position in der Mitte, mit einer durchschnittlich ausgeglichenen Leitfähigkeit. Dasselbe gilt für den Glanz und den Klang, das Blei ist sehr dumpf und erzeugt wenig Klang, ein sehr großer Kontrast zu seinem silbernen Gegenstück, das sehr klar klingt.

Noch ein weiterer interessanter Aspekt der harmonisierenden

Mittelposition des Goldes ist das Verhalten beim Gießen oder Schmieden. Die »langsamen« Metalle Blei und Zinn von Saturn und Jupiter sind leicht zu gießen, aber nicht zu schmieden. Die schnellen Metalle Silber und Kupfer von Mond und Venus sind sehr gut zu schmieden, aber Gießen ist nicht möglich, da beim Schmelzen Luft angesaugt wird. Während der Erstarrung wird diese Luft wieder freigesetzt, wodurch diese Metalle sehr ungleichmäßig hart werden. Es fällt auf, dass die beiden Metalle, die zu den Planeten in den unteren erdnahen Sphären gehören, eine sehr große Menge Luft aufsaugen, und dass dies bei den Metallen der höheren Planeten, weit weg von der Erde, nicht passiert.

Gold steht auch in dieser Hinsicht in der Mitte, es kann sowohl gegossen als auch geschmiedet werden, wie man aus der Zahntechnik und der Goldschmiedekunst weiß. Übrigens ist das Sonnengold nicht das einzige Metall, auch das Mars-Metall Eisen, eine Sphäre höher als die Sonne, kennt das Schmiedeeisen und das Gusseisen. Das merkuriale Quecksilber ist eine Ausnahme in der Serie, aber das kommt bei Merkur ja häufiger vor. Wie das genau funktioniert, wird im Abschnitt Merkur/Quecksilber besprochen.

Das Gold ist sehr stark mit dem Sonnenlicht verbunden und im Gold ist sogar ein Regenbogen von Farben versteckt. Gold kann fein verteilt und dann kolloidal in Lösung gebracht werden. Das ist keine wirkliche Auflösung wie bei Kochsalz im Wasser, es sind eher frei in Flüssigkeit schwimmende kleine, aber feste Goldpartikel. In verschiedenen Konzentrationen erzeugt eine solche kolloidale Lösung alle Arten von verschiedenen Farben, genau wie das Sonnenlicht, das in den sechs Farben des Regenbogens gebrochen ist (ja, sechs, Indigo ist traditionell keine separate Farbe, wurde aber später hinzugefügt). Das Gold enthält ebenso wie das entsprechende Sonnenlicht alle anderen Farben, ein Hinweis auf die harmonisierende Mittelposition des Goldes.

Auch was das Vorkommen und die Gewinnung des Goldes betrifft, macht das Sonnenmetall eine Ausnahme. Die anderen Metalle finden sich in den bekannten Adern, die als Lebensblut der Erde in das Gestein eingebettet sind (Metalle sind »Planeten auf der Erde«).

Gold ist es jedoch nicht, es ist fast immer fein verteilt, obwohl es natürlich die berühmten »Nuggets«, die Goldklumpen, gibt. Aber auch sie sind lose und werden nicht aus einer Goldader gewonnen. Zum Beispiel ist der Goldgehalt im Gestein der großen Goldminen in Südafrika überraschend niedrig. Es ist, als ob das Gold mit seiner Gott-Sonne-Symbolik sich in der ganzen Welt als feinmaschiger, vitaler Energieversorger und Manifestation der göttlichen Gegenwart ausgebreitet hätte, eine Art metallischer Motor für die Lebensenergie der Welt.

Medizinisch gesehen ist das Gold auch sehr interessant, das kann der aufmerksame Leser sicher jetzt schon vorhersagen. Die Konzentration an Gold ist am höchsten im menschlichen Körper, ja, im Herzen. Es wird ein Goldisotop in der modernen Medizin verwendet, um Strukturen im Herzen schnell sichtbar zu machen. Eine kolloidale oder spagyrische Goldlösung hat auch eine medizinische Wirkung, die man aufgrund der Sonnensymbolik erwarten würde, nämlich als Medikament für das Herz und gegen Sucht und Depression. Wir sehen hier sowohl einen sympathischen als auch einen antipathischen Effekt. Sucht und Depression stehen beide unter Saturn. Ein weiteres markantes Beispiel ist die Arthritis, die ebenfalls unter Saturn fällt und mit Gold-Injektionen kontrolliert werden kann!

Goldpräparate wirken bei Depressionen, Herz-Kreislauf-Erkrankungen, geringer Vitalität, Autoimmunkrankheiten, Rheuma und Arthritis (durch Antipathie) und psychisch bei einem Mangel an Selbstwertgefühl.

Kupfer

Das Metall, das traditionell zur Venus gehört, ist Kupfer. Metalle sind Produkte der Natur. In ihnen ist die planetarische Symbolik oft am stärksten und reinsten. Metalle sind auch ganz andere Naturprodukte als Kräuter, die so stark mit den humoralen Zyklen von Wachstum und Zerfall in der Natur verbunden sind. Metall ist hart und dauerhaft, und obwohl Metalle ihre Form verändern und

Verbindungen eingehen können, ist es ihre relativ konstante Natur, die sie in der menschlichen Kultur so wichtig machen. Wenn wir Kupfer untersuchen, springen die Venus-Eigenschaften uns sofort ins Auge, die warme, weiche rosarote Farbe macht einen sehr angenehmen und lieblichen Eindruck.

Aber auch andere Eigenschaften deuten darauf hin, dass Kupfer zur Venus gehört. Es ist fast erschreckend zu sehen, wie konkret und physisch die »okkulte« Symbolik der Planeten funktioniert, Planeten sind keine flüchtigen, verborgenen Kräfte, die bestimmte psychologische Wirkungen haben, sie sind tief in der materiellen Basis des Kosmos anwesend. Deshalb können wir nicht nur auf der Basis der Astrologie effektiv heilen, sondern mithilfe dieses Wissens auch die planetare Energiebilanz beeinflussen. Wenn Venus in einem Horoskop nicht gut funktioniert, kann man dies korrigieren, indem man Kupfer oder eine alchemistische Tinktur aus Kupfer verwendet.

Um jedoch auf den direkten physikalischen Effekt zurückzukommen: Der Kupfergehalt im Blutserum bei Frauen ist in der Regel 20 % höher als bei Männern. Der Eisengehalt im männlichen Blut ist durchschnittlich um ein Drittel höher als bei Frauen. Eine sehr seltsame Tatsache, die für die Astrologie allerdings leicht zu erklären ist. Und denken wir über die Möglichkeiten und Erkenntnisse nach, die das bietet. Die Metalle sind trotz ihrer sehr niedrigen Konzentrationen im Körper deutliche Grundindikatoren für den Zustand eines Individuums, der Eisengehalt zeugt von der Männlichkeit, der Kupfergehalt von der Weiblichkeit.

Der Kupfergehalt scheint auch stark mit dem weiblichen Zyklus verbunden zu sein, und die Konzentration von Kupfer variiert mit dem Verlauf der Menstruation. Auch die Anti-Konzeptionspille wirkt sich auch auf den Kupfergehalt aus. Sie verursacht eine ungefähr doppelte Kupferkonzentration. So wird eine Schwangerschaft simuliert, denn während der Schwangerschaft ist die weibliche Funktion stark und der Kupfergehalt daher sehr erhöht. Auf diese Weise wird eine Schwangerschaft verhindert, da die erhöhte Konzentration von Kupfer darauf hinzudeuten scheint, dass die Frau bereits schwanger ist, sodass keine Implantation einer Eizelle stattfindet. Ein stark erhöhter Kupfergehalt, eine sehr stark aktivierte Venusfunktion kann jedoch zu emotionaler Instabilität führen, die schon sensible Venus wird hypersensitiv. Das macht deutlich, welche Wirkung eine Pille haben kann, die den Kupfergehalt konstant hochhält.

Metallurgisch ist Kupfer auch ein Wunder der Venus-Eigenschaften. Zum Beispiel erscheint Kupfererz fast nie allein, sondern meist mit anderen Metallen gemischt. Oft gilt auch die Regel, dass Mars Venus jagt, in vielen Erzen sind Kupfer und Eisen sehr eng miteinander verflochten. So sehr das Sonnenmetall Gold es selbst bleibt, so sehr sucht Kupfer die Verbindung. Das geht so weit, dass es tatsächlich zu weich ist, um in reiner Form verwendet zu werden, daher wird es meist zu den Legierungen Bronze und Messing verarbeitet. Das Rückgrat muss aus anderen Metallen stammen.

Das starke Streben nach Verbindung zeigt sich auch in der Leitung. Kupfer wird nicht umsonst in großem Umfang für die Verdrahtung verwendet, es hat die höchste Leitfähigkeit aller Metalle (mit Ausnahme des teuren Silbers). Es ist nicht die Natur der Venus, direkt Blockaden wie das Blei des Saturn zu erzeugen, das kaum Strom leitet. Das Metall wird auch häufig in Verbindungsapparaten wie Mobiltelefonen verwandt, was angesichts des Beziehungsaspekts des Kupfers auch nicht wirklich überraschend ist. Kupfer ist nicht metallurgisch gießbar, es absorbiert zu viel Luft während des Schmelzprozesses (Verbindungsstreben auch mit Luft). Während der Erstarrung werden viele störende Luftblasen verursacht, die das Endergebnis eher unansehnlich machen. Allerdings kann Kupfer wie Silber geschmiedet werden, weil es ein so weiches Metall ist.

Die Verbindung mit den Künsten ist sehr deutlich. Bronze ist eine Legierung aus Kupfer und 10 % bis 30 % Zinn, dem Metall des Jupiter, und Bronze ist das geliebte Material der Bildhauer, der große Anteil von Venus in der Bronze sorgt dafür, dass es sich den ästhetischen Wünschen des Künstlers fügt. Mit dem eher erdigen Zink (Saturn) bildet das Kupfer die Legierung Messing, die in der

Kunst nicht oft verwendet wird, dafür aber oft für dekorative Objekte. Dass die Bronzemedaille den Medaillen der beiden Lichter (Gold und Silber) folgt und aus den beiden Metallen der Wohltäter besteht, ist sehr symbolisch.

Ein weiterer Aspekt von alldem ist der Klang, den das Kupfer hervorbringt. In der absteigenden Reihenfolge der Planeten von Saturn bis zum Mond sehen wir nicht nur eine zunehmende Leitfähigkeit für Wärme und Elektrizität in den zugehörigen Metallen, sondern auch einen zunehmend besseren Klang. Blei (Saturn) ist völlig dumpf im Klang, aus Eisen (Mars) oder Gold (Sonne) wird man nicht so leicht ein Instrument machen, aber Kupfer wird wegen seines angenehmen Klanges oft benutzt, man denke nur an die »Brass Band« und die Blechbläser. Eines der wenigen Instrumente, in denen Blei (neben Zinn) verarbeitet wird, ist allerdings die Orgel in der Kirche, aber in diesem Fall scheint Blei nur geeignet zu sein, weil Saturn-Blei mit Opfern und Ernst zu tun hat.

Die Farbe von Kupfer ist auch sehr interessant. Obwohl das Metall selbst den bekannten warmen, weichen rötlichen Farbton hat, sind Kupferverbindungen oft grün oder blau. Bekannt ist das »Rosten« des Kupfers, wobei das Kupfergrün beispielsweise auf Kirchendächern gebildet wird. Grün ist vor allem die Farbe der Venus und natürlich verbunden mit dem Wasserelement und dem Meer. Aus dem Meeresschaum (Begierde) wurde Venus nach der Mythologie geboren, und der Name Kupfer (*Cyprum*) kommt von Zypern, der Insel im Mittelmeer, die traditionell der Venus geweiht war und ein großes Kupfervorkommen hat!

Das astrologisch gesehen verständliche Begehren des Kupfers nach Verbindung ist so stark, dass es die wissenschaftliche Chemie vor Rätsel stellt. Es hält sich nicht an Regeln. Das venerische Kupfer hält sich nicht an die normalerweise gültigen »Valenzen«, die bestimmen, in welchen Proportionen die chemischen Elemente (nicht die astrologischen Elemente, sondern die naturwissenschaftlichen Elemente) Verbindungen miteinander eingehen. Mit sehr verschiedenen Substanzen bildet Kupfer alle möglichen »Komplexe«, die zur Formulierung einiger zweifelhafter Hypothesen geführt haben, um diese abnormen, sehr komplizierten Zusammenhänge zu erklären.

Ausgehend von der okkulten astrologischen Metallurgie kann man eine Verbindung von Kupfer mit Schönheit erwarten. Die Energie, die vor allem die weibliche Eleganz repräsentiert, muss mit körperlicher Schönheit verbunden sein. Es werden tatsächlich Kupferpulver in Hautcremes verarbeitet, die die Regeneration der Haut fördern und auch gegen Entzündungen wirken (Venus in Antipathie zu dem heißen, feurigen Mars). Es ist aber ratsam, weiterhin gut zu unterscheiden, die Haut fällt als Trennung und Grenze hauptsächlich unter Saturn und wird daher stark durch Mittel beeinflusst, die ebenfalls unter Saturn fallen, so wie Propolis. Venus bezieht sich hauptsächlich auf Kosmetika, es bringt das Anziehende in die Haut, aber die Haut ist daher noch kein Venus-Organ, wie manche glauben.

Kupferpräparate wirken bei Problemen mit der Schilddrüse, der Menstruation, dem Hormonhaushalt, den Nieren und psychisch gegen Krämpfe und bei Gefühlsarmut.

Quecksilber

Quecksilber, das zu Merkur gehörende Metall, lässt sehr deutlich die Natur Merkurs erkennen. Wer hat während des Physikunterrichts nie mit jenen wundersamen Kügelchen gespielt, die in alle Richtungen schießen, die dazu neigen, sich größeren Kugeln anzuschließen, aber auch leicht gespalten werden können? Diejenigen, die noch an der kalten und trockenen Natur von Merkur zweifelten, finden den Beweis in diesen silbernen Bällchen. Dieses Metall zieht sich so stark zusammen (Trockenheit), nur dadurch kann es die Kugeln bilden. Also sind die Kontakte des Merkur trocken.

Sie können auch die ungehemmte Neigung zur Beweglichkeit und Verbindung von Merkur im Metall sehen. Denn wenn ein Thermometer oder ein anderes Quecksilber enthaltendes Instrument zerbricht, sind die sich bewegenden Kugeln sofort weg und es ist eine ziemliche Aufgabe, das verschüttete Quecksilber einzufangen. Ein beweglicher Merkur, der alle Qualitäten vereint und durch alle Welten gehen kann, lässt sich nicht leicht festlegen. Dass ein Metall bei Raumtemperatur flüssig sein kann, zeigt auch die paradoxe Natur des Merkur.

Von alters her wird Merkur auch mit dem Teufel assoziiert, wegen seiner geschickten und unmoralischen Natur, die auch in seiner Kälte und Trockenheit auftaucht. Merkur stellt keine wirklich dauerhafte Verbindung her und es wird nichts wirklich gegeben, es wird nur für einen Moment verbunden. Das passt zur Symbolik des Handels und natürlich auch zum Betrug. In verschiedenen Mythologien sehen wir teuflische merkurähnliche Figuren, die »Trickster« wie zum Beispiel Loki im nordischen Pantheon. Loki wächst von einem manchmal etwas gemeinen, unzuverlässigen, geschickten Jungen unter den Göttern zu einem wahren Teufel, der im letzten Kampf mit den Göttern der große Gegner ist und Höllengöttinnen und dämonische Wölfe als Verbündete hat.

Diese dämonische Natur spiegelt sich in der hohen Toxizität des Quecksilbers wider. Dieses faszinierende, so quirlige Quecksilber ist ein äußerst gefährliches Gift! In unserer Zeit ist die Amalgamvergiftung (Amalgame sind Quecksilberkomplexe) bekannt, die zu schweren Störungen des Nervensystems (Merkur!) führen kann. Quecksilberamalgam wurde von Zahnärzten benutzt, um Füllungen herzustellen, aber die Leckage aus den Füllungen kann eine chronische Quecksilbervergiftung mit Symptomen verursachen, die an MS erinnern. Das Wissen über traditionelle Signaturen kann manchmal sehr nützlich sein!

Ein anderes bekanntes Beispiel waren die Hutmacher des 19. Jahrhunderts, die mithilfe einer Quecksilberbehandlung ihre Hüte zum Strahlen brachten. Die typische Berufskrankheit war Quecksilbervergiftung, die verwirrt machen konnte, ein unkontrollierbarer Merkur als die rationale Seele, die vergiftet wurde. Der berühmte verrückte Hutmacher (*mad hatter*) in ALICE IM WUNDERLAND ist ein Beispiel dafür, er redet ständig total verwirrt Unsinn.

Eine Quecksilbervergiftung ist übrigens oft schwer zu erkennen, weil sie sich auf so viele verschiedene Arten manifestieren kann, was auch sehr gut zu dem vielseitigen Planeten passt. Merkur bleibt eine explosive, schwer zu zähmende Kraft, die schnell verdampft und tobt, er mag nicht in fester Form oder Materie eingeschlossen sein, daher ist sein Metall bei einer Temperatur flüssig, bei der alle anderen Metalle eine feste Form haben. Alchemistisch verarbeitetes Quecksilber kann übrigens nach dem Prinzip von Sympathie zur Heilung von Quecksilbervergiftungen oder schweren Merkurproblemen verwandt werden.

Es gibt auch viele Ähnlichkeiten zwischen der Quecksilber- und der Merkur-Natur. Aufgrund seiner sehr agilen Art wird das Metall in vielen Messgeräten verwendet, messen ist natürlich Merkur. Das Metall reagiert sehr schnell, selbst bei sehr kleinen Veränderungen, wie bei Thermometern und Barometern. Das extrem flüssige Quecksilber ist auch in der Lage, alle anderen Metalle, sogar Gold, aufzulösen und wird daher auch im Goldbergbau verwendet. Das Eisen, das erdorientierteste Metall, ist das einzige, das der fließenden Kraft des schnellen Luftgeistes standhält. Wir sehen das auch im astrologischen Symbol für Mars und Eisen. Hier liegt das materielle Kreuz über der Sonnenscheibe des Geistes, das Irdische dominiert stark im Eisen, sodass selbst Merkur es nicht bewegt. Quecksilber kann daher in eisernen Flaschen gelagert werden.

Aber nicht nur Metalle kann das Quecksilber auflösen, es bildet mit allen möglichen anderen Stoffen manchmal rätselhafte Amalgame und Komplexe. Verbinden ist die reine Natur von Merkur. Die außergewöhnlich bewegliche Natur manifestiert sich in der Bildung von Sprengstoffen, wie beispielsweise dem Knallpulver, einer Verbindung mit Salpetersäure und Alkohol. Quecksilber ist in der Lage, Stoffe mit sehr widersprüchlichen Eigenschaften zu koppeln, und genau das erzeugt die explosive Kraft. Das Quecksilber durchläuft auch alle drei Aggregationsphasen fest, flüssig und gasförmig, typischerweise in einem sehr kurzen Temperaturbereich von 399 ° Celsius. Bei Gold sind es zum Beispiel 1537 ° Celsius, den schnellen Wechsel erkennt man auch hier wieder.

Und natürlich ist Quecksilber die große Ausnahme in der Reihe der zunehmenden Leitfähigkeit für Wärme und Elektrizität in den

Metallen, geordnet nach ihrer Signatur von Saturn (Blei) zum Mond (Silber). Dies gilt jedoch nur für das flüssige Metall, dessen normale Form bei Raumtemperatur vorliegt. Im festen Zustand aber nimmt Quecksilber in Bezug auf seine Leitfähigkeit brav seinen Platz zwischen dem Kupfer der Venus und dem Silber des Mondes ein. Aber es ist typisch für Quecksilber, dass das Metall im Normalzustand nicht fest ist, es kann seinen normalen Platz einnehmen, aber es fließt weiter und verändert sich.

Quecksilberpräparate helfen bei Problemen mit der Atmung, Bewegungsstörungen, Sprachproblemen, bei Problemen mit der Peristaltik (in verschiedenen Organen), bei Allergien und psychisch bei nervöser Hyperaktivität.

Silber – der Mond

Das Silber ist das Metall des Mondes, das muss nicht bestritten werden, die Farbe und die Brillanz des Metalls sprechen Bände. Dennoch gibt es noch viele bemerkenswerte Eigenschaften des Silbers, die den wässrigen, nächtlichen Charakter des Mondmetalls so deutlich veranschaulichen. Zum Beispiel sind Lösungen mit Silbersalzen in der Regel sehr empfindlich für Sonnenlicht. Sobald Licht auf sie fällt, werden die Lösungen instabil, nicht überraschend für das Metall der Nacht. Diese Eigenschaft wird in der Fotografie und beim Filmen verwendet, wenn Licht auf eine Silberchloridlösung gelangt, fällt das Silber aus, das ist die Entwicklung eines Fotos.

Es ist sehr passend, dass das Metall des Mondes verwendet wird, wenn die Realität in Film und Foto reflektiert und projiziert wird. Natürlich wird Silber auch immer noch verwendet, um Spiegel zu machen, eines der schönsten Bilder vom empfangenden Charakter des Mondes, der sein Licht von der Sonne leiht und den göttlichen Impuls nur durch Reflexion sichtbar macht. Es gibt auch eine starke Verbindung des Silbers mit dem Wasser. Gold findet sich überall auf der Erde und sogar in sehr niedrigen Konzentrationen in den höchsten Luftschichten, was darauf hinweist, dass die göttliche Essenz überall in der Schöpfung ist. Der größte Silberbestand befindet sich jedoch nicht in der Atmosphäre, sondern in den Ozeanen, die etwa 10 Milligramm pro Kubikmeter Silber enthalten.

Der Zusammenhang mit Wasser und Reinheit tritt auch bei der Verwendung von Silbergranulat bei der Wasserreinigung in den Vordergrund, eine geringe Menge Silber im Wasser wirkt Wunder und ist eine gute Alternative zum übermäßig chemischen Chlor. Hier sehen wir eine allgemein sympathische Wirkung, das reine, wässrige Silber schafft im Wasser einen reinen Zustand. Der kolloidale Zustand, ein Zustand der Substanz zwischen der festen und der flüssigen Phase, wird von Silber, immer flexibel und nachgiebig, besonders geschätzt. Die Substanz ist dann nicht wirklich gelöst, sondern hat sich über die gesamte Flüssigkeit verteilt. Der unendlich fließende Mond kann flüssig mit bewegen und doch seinen eigenen Charakter behalten.

Sonne und Mond sind die beiden Lichter, sie sind das edle Königspaar unter den Planeten und so ist das Silber auch ein Edelmetall. Es ist auch sehr auffällig, dass der Preis für den zweiten Platz die Silbermedaille ist, der Mond muss nur König Sonne (dem Gold) den Vortritt lassen. Wie der leichte bewegliche Mond, der die unterste Planetensphäre beherrscht, der Gegenpol zum schweren, trägen Saturn in der höchsten Planetensphäre ist, so scharf ist der Kontrast in Klang und Leitfähigkeit zwischen den beiden Metallen Silber und Blei. Blei ist matt, aber Silber erzeugt einen schönen, klingenden Ton und wo Blei kaum leitet (Saturn-Blockade) ist das Silber so offen, dass es eine sehr hohe, ja die höchste elektrische Leitfähigkeit hat.

Silberpräparate wirken bei Fieber, Schlaflosigkeit, Unfruchtbarkeit, Gehirnerkrankungen, Tumoren, Östrogenüberschuss und psychisch bei zu viel Launenhaftigkeit.

Bei der medizinischen Anwendung der Metalle ist die planetarische Signatur deutlich sichtbar, die Metallpräparate arbeiten harmonisierend auf die Organe und Prozesse, die astro-anatomisch unter die entsprechenden planetarischen Kräfte fallen. Es ist klar, dass diese okkulte Metallurgie auch verwendet werden kann, um neue medizinische Anwendungen und Kombinationen zu entwickeln und zu testen.

Sekundäre Metalle

In den sieben klassischen Metallen manifestieren sich die sieben klassischen Planetenkräfte, die dem Kosmos Struktur geben, in sehr reiner Form. Darum handelt es sich hier auch um starke Heilmittel. Aber es gibt natürlich noch mehr als diese sieben, in denen sich nicht die reine planetarische Kraft manifestiert, sondern die eher eine Mischung darstellen. Diese sekundären Metalle sind manchmal in homöopathischer oder alchemisticher Form (oder als Zellsalze) erhältlich. Im Folgenden besprechen wir kurz einige dieser Metalle, die aus dem einen oder anderen Grund medizinisch relevant sind.

Antimon

In der Alchemie symbolisiert Antimon den Menschen oder die gesamte irdische Inkarnation. Es wird als das große Allheilmittel gesehen und es wurden kluge Werke darüber geschrieben. Wegen seiner Verbindung mit der irdischen Form kann Antimon mit Saturn assoziiert werden. Aber es kann auch als ein allgemeines Reinigungsmittel gebraucht werden, das alle Heilungsprozesse unterstützt. In Form von Antimonit wirkt es gegen Hautbeschwerden (Sympathie mit Saturn) Magenbeschwerden (Antipathie mit dem Mond) und stärkt die Disziplin und den Realitätssinn (Saturn).

Zink

Die medizinische Wirkung von Zink ist allgemein bekannt, Zinksalbe ist ein viel verkauftes Mittel gegen Ekzeme und andere Hautprobleme. Das Metall ist auch an der Bildung von anderen harten Teilen des Körpers wie Haar, Nägeln und Knochen beteiligt. In ihm kann man die Signatur von Saturn sehen, die durch die Verwendung des Metalls zum Verzinken bestätigt wird. Es werden auf diese Art z. B Dachrinnen und Regenrohre vor Korrosion geschützt. Das Zink wirkt wie eine Haut. Aber Zink ist kein reiner Saturn, Jupiter

»schreibt mit«. Dies erkennt man auch an der Tatsache, dass Zink an der Freisetzung von Wachstumshormonen und Sexualhormonen beteiligt ist, Jupiter hat mit Wachstum und Fruchtbarkeit zu tun. Zink wirkt auch gegen Prostatavergrößerung. Hier arbeiten Saturn (Hemmung) und Jupiter (Wachstum) zusammen. Gemeinsam mit Kupfer (Venus) bildet Zink die Legierung Messing. Zum Ausdruck kommt hier die Erhöhung des Saturn in der Waage. Messing wird in dekorativen Objekten verwendet, es ist bescheidener und einfacher (Saturn!) als die Bronze, in der Venus (Kupfer) mit Zinn (Jupiter) assoziiert wird.

Arsen

Arsen ist ein bekanntes schweres Gift, es ist extrem kalt und trocken und tötet den Organismus, indem es alles Leben komplett auslöscht. Es wird in Haaren und Nägeln gespeichert und das zusammen mit der starken Toxizität zeigt eine starke Saturn-Energie. Arsen ist sozusagen der kalte Tod, es wurde auch viel benutzt, um tote Tiere zu präparieren! Die Erhöhungssympathie von Saturn mit Venus spiegelt sich in dem Arsenpräparat Salvarsan wider, das einst eines der ersten Mittel gegen die venerische Krankheit Syphilis war. Syphilis ist eine phlegmatische, feuchte Krankheit und Arsen ist nicht nur saturnin, sondern auch sehr trocken. Aus alldem wird deutlich, dass Arsen ein sehr extremes Mittel an der Schwelle von Leben und Tod ist und deshalb ein starkes Tonikum, das den Organismus von einer sehr tiefen Ebene aus regenerieren kann.

Aluminium

Vom Anthroposophen Wilhelm Pelikan wird Aluminium als »Silber aus Ton« bezeichnet, Aluminiumoxid gehört auch zu den Hauptbestandteilen von Ton. Der Ton nimmt geochemisch eine mittlere Position zwischen Kalk und Quarz ein, er ist nicht sauer wie Quarz und nicht basisch wie Kalk. Packungen aus Ton können daher sehr beruhigend balancierend sein, denn Aluminium ist auch stark an der

Funktion des Nervensystems beteiligt. Hinzu kommt, dass Aluminium ein sehr leichtes, sehr leitfähiges und flexibles Metall ist und also die Merkur-Signatur klar ist, auch wenn der Mond mit signiert. Die Aufnahme von unverarbeitetem Aluminium kann auch zur Entwicklung von Alzheimer beitragen, man erkennt hier die Signatur des Mondes (Gehirn) und des Merkur (Nervensystem).

Lithium

Lithium ist das leichteste Alkalimetall. Alkalimetalle sind basisch, das heißt, sie sind »seifig«, sie umhüllen mit Weichheit. Das weiche, weibliche Alkali steht dem männlichen, scharf sauren/feurigen gegenüber. Lithium ist als Mittel gegen schwere psychische Erkrankungen bekannt, das Alkalimetall wirkt durch seinen umhüllenden, weiblichen Charakter sehr beruhigend. Es fördert Hingabe und Demut und die Signatur des Mondes wird deutlich. Dies wird auch durch die wohltuende Wirkung auf die Nieren bestätigt, der Mond ist in Erhöhungssympathie mit Venus. Außerdem ist Lithium gut gegen Erkrankungen der Gelenke, die unter Saturn fallen (Antipathie mit dem Mond).

Uran und Radioaktivität

Uran ist bleischwer, sehr giftig und wandelt sich langfristig in Blei um. Es ist klar, dass Uran unter Saturn fällt. Aber es ist eine Substanz, die über die normalen Grenzen hinausgegangen ist und gerade dabei ist, durch radioaktiven Zerfall in den Normalzustand zurückzukehren. Sie sehen also, warum radioaktive Substanzen gegen übermäßiges Zellwachstum wirken, aber auch, warum sie Tumore verursachen können. Sie reflektieren eine extreme Bedingung in ihrer Radioaktivität, aber gleichzeitig die Korrektur dieses extremen Ungleichgewichts in ihrem Zerfall. Natürlich dämpft die starke Saturnkraft durch Antipathie auch das übermäßige Wachstum (Jupiter). Das gilt für alle Radioaktivität, von der Uran eine Art Modell ist. Die Strahlung selbst, die überall ungesehen hindurchdringt, verborgene Dinge sichtbar macht und Radioaktivität in der Umgebung verstreut, fällt unter Merkur.

Magnesium

Dieses Metall wurde bereits mit den Ergänzungsmitteln besprochen, es fällt unter den Mond, weil es das Licht spiegelt, aufnimmt. Im Chlorophyll zum Beispiel fängt Magnesium das Sonnenlicht ein und in der Fotografie diente es einst zur Beleuchtung. Das passt zum Mond und lässt die entkrampfende und entspannende Wirkung des Metalls verstehen. Krampf und Spannung gehören zu Saturn und da ist der Mond in Antipathie. Aus der Antipathie des Mondes mit Saturn lässt sich die starke Verbindung von Magnesium mit Kalzium (Saturn) verstehen, sie werden oft zusammen gegen Krämpfe verordnet.

Wismut

Ein Exot in der Liste, Hauschka nennt dieses Metall ein »greises Kind«, nicht an die Erde angepasst. In der Tat fördert Wismut eine kindliche Unbefangenheit und wirkt gegen das Gefühl, auf Erden nicht zu Hause zu sein. Stücke von Wismut verfärben sich schnell zu einer faszinierenden Vielfarbigkeit und das Metall hat die bemerkenswerte Eigenschaft, sich beim Abkühlen ausdehnen zu können, die merkurialen Kräfte sind klar. Könnten Wismutpräparate mit dieser Signatur arbeiten, um die Nerven im Alter zu regenerieren?

Die sogenannten Eisenbrüder sind laut dem Anthroposophen Hauschka: Chrom, Mangan, Kobalt, Platin, Nickel, Vanadium und Wolfram. All diese Metalle finden irgendwo auf der Mars-Venus-Achse ihren Platz. Das eine gleicht in seiner Wirkung Mars/Eisen (z. B. Nickel) und das andere eher Venus-Kupfer (z. B. Chrom).

Medizinische Astrologie, Ayurveda und Chinesische Heilkunst

Die medizinische Seite der klassischen Astrologie wurzelt in den traditionellen Heilkünsten Europas mit Hippokrates und Galenus als den berühmtesten Stammvätern. Es ist immer schwierig zu sagen, woher diese ihr Wissen haben, aber in dem, was aus der alten ägyptischen medizinischen Praxis bekannt ist, kann man schon etwas von der späteren europäischen traditionellen Medizin erkennen. Natürlich kann man hier auch die gleiche Frage stellen: Woher hatten sie es? Waren diese Ägypter sehr schlaue Jungs, die es selbst erfunden haben? Nein, so etwas erfindet man nicht, auch die Ägypter schöpften aus älteren Brunnen. Das große Merkmal von Tradition ist ja gerade das *tradere*, das »übertragen« bedeutet.

Innerhalb einer Tradition kann man auf der Basis eines Verständnisses der zugrunde liegenden Prinzipien und Erfahrungen Methoden verbessern und weiterentwickeln, aber die Prinzipien bleiben immer dieselben. Um es auf der Grundlage der Astrologie zu veranschaulichen: Es gibt zwölf Zeichen und sieben Basisplaneten, die über diese Zeichen herrschen. Es gibt vier Elemente und die Natur der Elemente, der Zeichen und der Planeten ist festgelegt. Saturn wird nicht plötzlich zum Prinzip der Expansion und der Stier wird kein Feuerzeichen.

Wir können einem überlieferten System neue Dinge hinzufügen, jedoch nur innerhalb der Grenzen der inhärenten Logik. Zum Beispiel können wir die äußeren Planeten als separate zusätzliche Faktoren verwenden, und dann arbeiten sie unmissverständlich, aber sie können nicht Herrscher eines Zeichens werden, denn das würde die Logik und die zahlensymbolische Symmetrie der Astrologie durchbrechen.

Tradition ist also etwas, das in der Vergangenheit wurzelt, sich aber ständig weiterentwickelt, das gilt auch für die Tradition der Heilkunst. Es ist wichtig, die Rolle der alten Griechen darin zu verstehen. Das antike Griechenland wird als die Quelle der europäischen Zivilisation betrachtet, die seien sehr intelligent gewesen und hätten sich alle möglichen interessanten Dinge ausgedacht, einschließlich der Astrologie. Nichts ist weniger wahr. Die Griechen sammelten Wissen und Informationen aus nahen und fernen Nachbarländern und schrieben dieses Wissen auf! Sie waren keine genialen Erfinder, sondern die ersten Autoren, die ersten Enzyklopädisten. Sie gaben durch, aber sie gaben dabei eine sehr spezifische und stark griechisch-rationalistische Sichtweise der Dinge durch.

Die Quelle unserer Tradition ist so gesehen nicht das antike Griechenland, weder in der Medizin noch in der Astrologie. Der Anspruch der sogenannten »hellenistischen« Astrologen, dass unsere himmlische Kunst aus dem antiken Griechenland stamme, ist daher völlig aus der Luft gegriffen. In dem sehr empfehlenswerten Buch des Astrologen und Historikers Nick Campion DAWN OF ASTROLOGY zeigt der Autor, dass die Griechen nur ein Kanal waren und dass es auch keine »hellenistische Astrologie« gab! Natürlich gab es griechische Astrologen, aber alle machten sie etwas anderes. Der Begriff hellenistische Astrologie ist eher ein »PR-Begriff« der Astrologen unserer Zeit, aber diese existierte niemals als eine zusammenhängende konsistente »Strömung«. Was nicht bedeutet, dass keine wertvollen astrologischen Methoden in griechischen Büchern gefunden werden können!

Wie auch immer, wenn medizinische und astrologische Traditionen nicht aus Griechenland stammen, woher kommt dann dieses Wissen? Wie gesagt, in Ägypten sieht man schon Züge der späteren europäischen Tradition, aber das hilft uns auch nicht, denn worauf haben die Ägypter zurückgegriffen? Diese Frage kann historisch nicht eindeutig beantwortet werden, wir wissen einfach viel zu wenig über diese längst vergangenen Zeiten. Aber es gibt eine logische Antwort: Die Tradition kommt von einer Quelle. Irgendwo gab es einen ersten Punkt, das sagt uns die Vernunft, einen Ur-Brunnen, aus dem das alte Wissen enthüllt wurde, das der Ursprung der ersten Zivilisation war und sich später in die verschiedenen Kulturen aufspaltete.

Die einfache und entscheidende Tatsache aus der Logik ist: Systeme wie Astrologie, aber auch die alte Medizin, kann man nicht erfinden! Das wird zum Beispiel sehr deutlich, wenn man sich die Fixsterne und die Konstellationen (die sichtbare Sternen-Bilder) ansieht. Im *Großen Hund* ist mit dem besten Willen der Welt kein Hund zu sehen und wer einen Fluss im Sternbild *Eridanus* (Fluss) gesehen hat, hat eine falsche Pille genommen – man kann in den Konstellationen nichts Konkretes erkennen. Die Erfahrung zeigt jedoch, dass die Sterne, aus denen sich die Konstellationen zusammensetzen, einen verwandten Effekt haben und dass sie wirklich in einer Konstellation (zusammen-Gestirnung) zusammengehören. In der islamischen Tradition heißt es daher, dass die Astrologie und andere Formen des überlieferten Wissens von Engeln an die Menschen weitergegeben wurden. In der jüdischen Tradition ist Adam der Brunnen und Adam überträgt das Wissen auf seinen dritten Sohn Seth.

Wie auch immer man es ausdrücken will, die vielen traditionellen Formen des Wissens, von denen in unsere Zeit nur ein sehr begrenzter Teil überliefert worden ist, haben ihren direkten Ursprung in einer göttlichen Quelle. Das sagen die verschiedenen Religionen und auch die Logik diktiert dies. Denn wenn die Menschen etwas nicht selbst schaffen können – Astrologie kann man nicht erfinden! – woher kommt es dann? Wenn dem so ist und alles aus einer Quelle stammt, die die erste menschliche Kultur inspiriert hat, dann müssen die verschiedenen Traditionen vergleichbar sein. Und das scheint der Fall zu sein, denn das indische Ayurveda und das chinesische TCM, aber auch der indianische Schamanismus basieren zum Beispiel auf denselben Grundprinzipien wie die europäische traditionelle Heilkunst. Sie alle gehen von den fünf Elementen aus und aufgrund dieser gemeinsamen Basis können sie auch miteinander verbunden werden.

In Europa gab es ja auch immer ein fünftes Element zusätzlich zu den bekannten vier Elementen, nämlich den Äther, der nur im

Hintergrund eine Rolle spielt, allerdings eine wichtige. Der Äther ist das Grundelement, aus dem die anderen Elemente entstanden sind. Der Äther hat keine Eigenschaften wie Hitze oder Kälte, Feuchtigkeit oder Trockenheit und man begegnet dem fünften Element auch nicht in den zwölf Tierkreiszeichen. Es ist in einer gewissen Form der Raum, in dem alles geschieht, und das Vibrieren des Äthers ist die Zeit. Sie werden es aber im astrologischen Elementesystem nicht finden und es spielt auch keine Rolle in der medizinischen Anwendung der Astrologie.

Ayurveda

Das ist es etwas anders in der aus Indien stammenden traditionellen ayurvedischen Medizin. Diese funktioniert mit dem sogenannten Tridosha-System, man könnte sagen, dem »Drei-Humores-System«. Genau wie im europäischen System kann eine Krankheit durch einen Überschuss verursacht werden und dieser Überschuss kann mithilfe einer fortgeschrittenen Pulsdiagnose bestimmt werden. Hiermit kann man nicht nur erkennen, welches der Doshas im Übermaß vorhanden ist und die Symptome verursacht, sondern auch, welches Dosha in der Konstitution dominiert. Das ist eine exakte Parallele zur Unterscheidung in der medizinischen Astrologie zwischen dem Geburtshoroskop und dem Stundenhoroskop.

Schließlich zeigt das Radixhoroskop, wie die konstitutionelle Verteilung der Humores aussieht, welches Element Ihren Körper und Ihr Grundverhalten bestimmt, aber dies ergibt noch keine Diagnose. Um diagnostizieren zu können, benötigen Sie immer ein Stundenhoroskop. Denn wenn bei einer Person das Feuer die Konstitution beherrscht, kann sie auch an anderen Krankheiten als zu viel Feuer leiden. Insofern kann man aus dem Radixhoroskop nicht diagnostizieren. Diese Unterscheidung gibt es auch im Ayurveda, das übrigens keine Horoskope benutzt, um festzustellen, welcher Humor die Konstitution bestimmt und welcher Humor die akuten Symptome bestimmt.

Diese starke Parallele zwischen den indischen und den europäischen Ansichten ist bereits ein Hinweis darauf, dass beide Traditionen aus derselben Quelle stammen, aber die Ähnlichkeiten sind sogar noch stärker. Zum Beispiel beschreibt Ayurveda, wie die drei Doshas aus den fünf Elementen entstehen, die auch die Grundlage des europäischen und des chinesischen Systems bilden. Übrigens weiß man auch in Indien nicht, woher dieses Wissen stammt, es wurde über Jahrtausende weitergegeben und erstmals um 600 v. Chr. niedergeschrieben.

Nach diesem uralten Wissen stammen die Elemente von einer Art Vorform auf der subtilen Ebene ab. Dies sind die nicht manifestierte Materie Avyakta, der Intellekt Mahan und der unterscheidende Impuls des Egos Ahankara. Diese führen wiederum zur Erschaffung von drei sogenannte Gunas Sattva, Rajas und Tamas, die die drei Doshas (ayurvedische Humores) bereits deutlich widerspiegeln, aber dann auf der geistigen Ebene. Die Gunas werden zum Beispiel verwendet, um spirituelle Tendenzen zu beschreiben, auch durch die vedischen Mondhäuser. Sattva ist rein, leicht und strebt aufwärts zum Spirituellen, Rajas ist der Impuls expansiver Bewegung und Tamas ist der schwere, langsame Widerstand des Stofflichen. Daraus entwickeln sich die sogenannten Tanmatras, die sich zu den fünf weltweit bekannten Elementen verdichten. Diese werden dann für die medizinische Praxis zu drei Doshas zusammengefasst, das sind die ayurvedischen Humore Vata, Pitta, Kapha.

Vata entsteht aus der Verschmelzung von Äther und Luft und weil man Äther als Raum betrachten kann, ist dies eine Art von Raumluft, die kalt, leicht und trocken ist. *Pitta* entsteht durch die Verbindung von Wasser und Feuer und ist warm, feucht und leicht. *Kapha* entsteht schließlich aus Erde und Wasser und ist kalt, feucht und schwer. Alle Krankheiten werden im Kern als ein Überschuss eines der Doshas definiert. Ayurveda unterscheidet auch sieben Gewebe – die Haut, das Blut, die Knochen, das Fett, die Nerven, die Muskeln und die Sexualorgane – und verwendet ein System von 16 Energiekanälen. Die Parallele zur Akupunktur ist offensichtlich, aber ein ähnliches System wurde auch schon in der ägyptischen Medizin benutzt.

Die Doshas sind jeweils in fünf Sub-Doshas unterteilt, die spezifische Körperfunktionen bereitstellen: für Vata ist es das Bewusstsein, Sprache-Willen-Gedächtnis, Herz-Kreislauf, Verdauung-Dünndarm und Ausscheidung-Sexualität-Dickdarm. Vata wird auch als Luft-Humor bezeichnet und der Aspekt des Mentalen und der Bewegung spiegelt sich deutlich in diesen Sub-Doshas wider. Die Subdoshas von Pitta, dem Feuerhumor, haben zu tun mit Intelligenz, Hautfarbe, dem Augenlicht, der Lebensenergie und dem Verdauungsfeuer, worin man die Aspekte von Licht, Wärme und Feuer erkennen kann. Kapha ist schließlich eindeutig der feuchte phlegmatische Humor und spiegelt sich hauptsächlich in der Flüssigkeit im Gehirn, im Magen, im Mund, in der Lunge und in den Gelenken wider.

Die ayurvedischen Doshas können grob mit den vier westlichen Humoren verglichen werden, für Vata ist dies wahrscheinlich am schwersten zu sehen. Vata ist der Luft-Humor und hat tatsächlich mit mentaler Aktivität zu tun, aber man kann ihn nicht mit dem europäischen Blut/Luft-Humor verbinden. Er ist kalt und trocken und viel mehr mit der schwarzen Galle verwandt, daher haben die Vata-Typen oft auch den schmalen, dünnen, langen Körper des melancholischen Typs. Vata wird auch als geistig sehr aktiv und nervös beschrieben, was der etwas ängstlichen, sorgenvollen Art des melancholischen Typus entspricht, der immer gut nachdenkt über alles.

Beim feurigen Pitta ist es leichter zu sehen, das entspricht den warmen Humoren von Blut und gelber Galle. Pitta ist nicht rein feurig, es ist auch feucht und kann als »ölartig« beschrieben werden. Es gibt Varianten mit mehr oder weniger Feuchtigkeit, die die europäische Unterscheidung in Blut und gelbe Galle widerspiegeln. In Anbetracht seiner feuchten Natur sieht Kapha dem europäischen Phlegma sehr ähnlich.

In Vata sehen wir das Guna Sattva wieder, in Pitta das aktiv-expansive Rajas und in Kapha die langsamen Tamas. Die Gunas werden, wie gesagt, eher dazu gebraucht, spirituelle Tendenzen zu beschreiben, aber auch die Nahrung kann mithilfe der Gunas klassifiziert werden, zum Beispiel gibt es Nahrung, die die aufsteigende, spirituelle Satva-Tendenz stimuliert.

Die Kopplung der Doshas mit den Humoren ermöglicht es, eine medizinisch-astrologische Diagnose in eine ayurvedische Diagnose zu übersetzen. Wenn das medizinische Stundenhoroskop zum Beispiel zeigt, dass die Krankheit durch Venus im Skorpion verursacht wird, also ein Übermaß an Schleim, kann man das dann als Kapha-Überschuss übersetzen. Alle gängigen Maßnahmen gegen Kapha-Exzess, Nahrung, Kräuter, Lebensstil, Farben, Mantras, Edelsteine kann man dann auch anwenden. Ein großer Teil der ayurvedischen Behandlungspalette wird so in die medizinische Astrologie übersetzt. Gleiches gilt für die Verbindung von Blut und gelber Galle mit Pitta und von schwarzer Galle mit Vata.

Natürlich kann man so etwas nicht anwenden ohne weiter darüber nachzudenken. Wenn Sie im Stundenhoroskop sehen, dass Mars im Krebs die Ursache des Problems ist, ist zu viel des Phlegmas die tiefste Ursache der Krankheit, ayurvedisch gesehen Kapha. Aber weil Mars auch viel Feuer bringt und Krebs als Zeichen im Tierkreis keinen sehr starken Überschuss an Schleim hervorbringt, muss man gut hinschauen. Im westlichen Ansatz würden Sie nicht nur heiße und trockene Kräuter verwenden, weil Sie dann in Gefahr wären, zu viel zu erhitzen. In diesem Fall, wenn es deutlich feurige Symptome gibt, würden Sie eine ausgewogenere Mischung verwenden. Aus ayurvedischer Sicht könnte die Diagnose einer Mars-Krebs-Krankheit daher auch Pitta-Überschuss sein, schließlich ist Pitta auch feucht wie der Krebs.

Wenn Sie die Humor-Dosha-Verknüpfung anwenden, kann in Bezug auf die Behandlung viel erreicht werden. Zum Beispiel können Sie auch die Einteilung in Geschmacksrichtungen aus dem Ayurveda in Ihrer »westlichen« Behandlung basierend auf der Stundenhoroskopdiagnose verwenden. Ein feuriger Pitta-Überschuss wird durch scharfen, sauren und salzigen Geschmack verstärkt und durch bitteren, süßen und adstringierenden Geschmack reduziert. Adstringierend bedeutet zusammenziehend, ähnlich der Wirkung von Tanninen im Wein.

Vata wird vermindert durch süß, sauer und salzig und verstärkt durch bitter, scharf und adstringierend.
Pitta wird durch süß, bitter und adstringierend reduziert und durch scharf, sauer und salzig erhöht.
Kapha wird durch scharf, bitter und adstringierend reduziert und durch süß, salzig und sauer verstärkt.

Es ist äußerst interessant, dass die Wirkung der Emotionen auf die Doshas mit denen des Geschmacks verglichen werden kann. Das macht sie sehr konkret. Es ist ein wunderbares Beispiel für eine ganzheitliche Sicht, die nicht vage oder spekulativ ist. Es zeigt auch, wie starke Emotionen zur Entwicklung von Krankheiten führen können, nicht als allgemeine Beobachtung von Psychosomatik, sondern spezifisch und konkret. Liebe ist süß, Gier ist salzig, Eifersucht ist sauer, Hass ist scharf, Traurigkeit ist bitter und Angst ist adstringierend. Daraus wird deutlich, dass die Verbindung Humor-Dosha große Möglichkeiten im Bereich der Behandlungsberatung bietet. Bittere Trauer kann zum Beispiel zu Vata-Krankheiten führen.

Genau wie eine medizinisch-astrologische Beratung beinhaltet eine ayurvedische Behandlung verschiedene Ebenen. Grundlage ist die Ernährung, die das Dosha im Übermaß reduzieren soll, dafür gibt es Standardlisten. Übrigens finden immer wieder Diskussionen über die Klassifizierung des Essens statt, auch im Ayurveda, genau wie über die westliche humorale Klassifizierung von Lebensmitteln. Kräuter spielen auch eine wichtige Rolle, und Ayurveda hat auch eine Reihe von Behandlungen, die Sie im westlichen System nicht finden werden, wie Ölbegießungen, Pancha Karma Entgiftung und Massagen.

Natürlich kennen wir Massagen im Westen, aber ayurvedisch werden die verschiedenen Massagen nach ihrer Wirkung auf die Dosha-Balance eingeteilt, die sie systematisch in den gesamten Behandlungsplan integriert. In der ayurvedischen Behandlung können auch Mantras (siehe Appendix B), Beratungen zum Lebensstil, Edelsteine, Farben, Aromatherapie und Öle verwendet werden, die systematisch nach der Wirkung auf die Doshas klassifiziert werden. Dies kann auch in einen westlichen medizinischen astrologischen Behandlungsplan durch die Übersetzung von Humores in Doshas integriert werden.

Öle (genannt wird das Öl, das den Humor im Übermaß vermindert)

- Vata: allgemein Sesamöl, aromatherapeutisch: Kampfer, Zimt, Moschus, Zypresse, Galgant, Wintergrün kombiniert mit Sandelholz, Rose und/oder Jasmin.
- Pitta: allgemein Kokosöl oder Sonnenblumenöl, aromatherapeutisch: Jasmin, Rose, Iris, Gardenie, Veilchen, Geißblatt.
- Kapha: allgemein Senföl oder besonders trocknender Leinsamen, aromatherapeutisch: Salbei, Zeder, Kiefer, Zimt, Kampfer, Moschus, Patchouli, Myrrhe.

Weihrauch (genannt wird der Weihrauch, der den Humor im Übermaß reduziert)

- Vata: Sandelholz, Myrrhe, Rose, Mandel, Moschus, Basilikum, Kampfer, Olibanum.
- Pitta: Sandelholz, Rose, Safran, Lotus, Jasmin, Gardenie, Geranie.
- Kapha: Myrrhe, Olibanum, Kampfer, Moschus, Zeder, Salbei, Basilikum.

Da dies kein Buch über ayurvedische Behandlung ist, verweise ich bei Interesse auf die hervorragenden Arbeiten von David Frawley.

TCM – Chinesische Heilkunde

Die andere große medizinische Tradition, die bis heute ununterbrochen fortgeführt wird, ist die Traditionelle Chinesische Medizin, häufig abgekürzt als TCM (*Traditional Chinese Medicin*). Die Vorstellung, dass es eine Urzivilisation gab, die das ursprüngliche Wissen in vielen Bereichen bewahrte, sich aber später in verschiedenen Kulturen ausbreitete, bestätigt sich auch in diesem Fall. Hier finden wir ebenfalls die fünf Elemente und die Qualitäten warm, kalt, trocken, feucht, wenn auch in etwas anderer, spezifisch chinesischer Form.

Da in China immer alles auf Yang und Yin zurückgeht, auch die Medizin, betrachten wir zunächst die Struktur der TCM aus diesen beiden Prinzipien und sprechen dann über das berühmte Pentagramm der fünf Elemente. Wie bei Ayurveda ist der chinesische Ansatz mit dem westlichen humoralen verbunden, sodass TCM-Behandlungsmethoden auch in die medizinisch-astrologische Diagnose integriert werden können.

Wie bekannt, ist Yang das aktive, maskuline, warme, leichte Prinzip und Yin das passive, feminine, kühle und dunkle Prinzip. Es ist die grundlegende Dualität des Kosmos, die direkt von der ursprünglichen Einheit, dem Tao, herrührt. Es ist eine Notwendigkeit, dass, wenn es eine in ihrer Natur dualistische Welt gibt, sich etwas von der ursprünglichen Einheit trennt. Sonst gäbe es nur Einheit, totale Harmonie und keine Welt. Alle Unausgeglichenheit und damit alle Leiden, auch medizinische, kommen also von dieser Grundpolarität und sind immer Teil des Lebens. Krankheit gehört notwendigerweise zum Leben, deshalb haben wir im Horoskop ein Haus dafür.

Es ist das Genie Chinas, dass viele Formen des Wissens, nicht nur medizinisches, auf der Grundlage dieser einfachen Grundpolarität aufgebaut sind, aus denen detaillierte, praktische Methoden durch eine Reihe von Schritten abgeleitet werden. Im I Ging, dem chinesischen Buch der Wandlungen und dem absoluten Glanz der chinesischen Kultur, wird der gesamte Kosmos nur mit Yang und Yin beschrieben. Durch eine widerholte Verdoppelung werden 64 Hexagramme erhalten, die alle möglichen Zustände des Kosmos in Symbolen mit sechs Streifen zusammenfassen! Es ist kristallklar, aber auch subtil und brillant. So etwas hat man nicht erfunden, und das ist auch nicht passiert, sondern es wird, wie alle anderen traditionellen Wissensformen in Ost und West, zu einem bestimmten Zeitpunkt niedergeschrieben und dann verfeinert und weiterentwickelt.

Dies gilt nicht nur für das I Ging, sondern auch für Feng Shui, die chinesische Geomantie und für TCM, die letztlich auf Yin und Yang basieren. Yin und Yang sind im Grunde nicht mehr oder weniger als Sonne und Mond oder medizinisch formuliert die Achse warm-kalt, die auch die Grundachse im humoralen System ist. TCM macht auch Diagnosen in Bezug auf Überschuss, wie in Indien und im Westen, aber es hat seinen eigenen Weg. Die beiden Möglichkeiten Überschuss Yang und Überschuss Yin werden verdoppelt und mit den Möglichkeiten zu wenig Yang und zu wenig Yin ergänzt. Dies bedeutet, dass es eine ideale, ausgewogene Menge an Yang und Yin gibt und dass es mehr und weniger als diese Balance geben kann. Es sieht aus wie die anderen Traditionen, aber es ist auch etwas anders.

Was zu viel Yang ist, wird klar sein, es gibt zu viel von der aktiven, feurigen Seite der Polarität, die das Gleichgewicht stört und humoral mit einem Übermaß an Feuer (oder Pitta) verglichen werden kann. Zu viel Yin ist das Gegenteil, es ist vergleichbar mit einem Überschuss an Schleim (oder Kapha), der Körper ist zu kalt und zu feucht. Aber wie können Sie nun das Zu-Wenig erkennen und mit dem humoral-astrologischen System verbinden? Mangel an Yang wird von Yin-Symptomen begleitet, aber sie werden nicht durch Yin im Übermaß verursacht, sondern weil Yang nicht stark genug ist, Yin in Schach zu halten. Das gilt auch für den Yin-Mangel, der von feurigen Yang-Symptomen begleitet werden kann, weil Yin zu schwach ist, um das Yang zu kontrollieren.

Die Schwäche von Yin oder Yang, die einen Mangel mit sich bringt, ist der Schlüssel zur Verbindung mit der medizinischen Astrologie. Wenn nämlich ein Mangel festgestellt wird, dann werden in der TCM Tonika verschrieben, um das defiziente Yang oder Yin wiederherzustellen, TCM hat spezifische Yang- und Yin-Tonika. Wenn Sie einen Mangel an Yang mit einem Yang-Tonikum behandeln, wird das Defizit beseitigt, der Körper gewinnt sein Gleichgewicht zurück, das gestärkte Yang kann das Yin wieder unter Kontrolle halten. Es hat also alles mit der Beziehung zwischen der Diagnosemethode und der Behandlung zu tun, und das ist immer innerhalb eines bestimmten Ansatzes der Fall. Eine Diagnose ist nur dann eine echte Diagnose, wenn die Einstufung der Arzneimittel direkt zu ihr passt.

Im medizinisch-astrologischen Ansatz gibt es ein Äquivalent zum Begriff »Tonikum«: dysfunktionale (planetarische) Kräfte werden immer gestärkt, auch durch Sympathie »tonisiert«. Das ist die Brücke zur TCM. So wie in der chinesischen Sichtweise alles in Yang und Yin definiert wird, können wir dies auch mit Planeten tun:

- Yang sind die warmen, aktiven Kräfte Sonne, Mars und Jupiter,
- Yin sind die kalten passiven Kräfte Mond, Saturn, Venus und Merkur.

Bei Merkur ist es wie immer ein wenig zweifelhaft, aber er ist kalt und trocken und nimmt die Farbe seiner Umgebung an, was mehr nach passiv und Yin klingt.

- Die weiblichen Erd- und Wasserzeichen sind Yin.
- Die männlichen Luft- und Feuerzeichen sind Yang.

Auf dieser Grundlage können Sie eine medizinisch-astrologische Diagnose, die sich aus dem Horoskop ergibt, in TCM-Begriffe umwandeln.

Wenn Sie zum Beispiel Mars im Krebs als Ursache haben, dann gibt es einen unausgeglichenen Mars, einen Yang-Planeten, der nicht ausreicht. Im westlichen Ansatz würden Sie diesen Mars durch Sympathie mit sympathischen Mars-Mitteln harmonisieren. Im TCM-Ansatz fehlt es jedoch an Yang (= Mars, Diagnose: Yang-Mangel) und das muss mit einem Yang-Tonikum tonisiert werden. Die Schwierigkeit in der Übersetzung war die Wirkung des Tonikums, das ein Mittel ist, das Yang harmonisiert, und nicht direkt ein Mittel, dass erhitzend wirkt. Sobald Sie diese Übersetzung in due TCM gemacht haben, vergessen Sie die medizinisch-astrologische Diagnose mit Planeten und Humoren und arbeiten Sie dann nur mit TCM-Begriffen.

Diese etwas komplexe Übersetzung brauchen Sie nicht mit einem Yang-Planeten (Sonne, Jupiter Mars) in einem Yang-Zeichen

(Feuer/Luft) und einem Yin-Planeten (Mond, Venus, Saturn, Merkur) in einem Yin-Zeichen (Wasser/Erde). Im ersten Fall ist sofort klar, dass es einen Yang-Überschuss gibt und im zweiten Fall einen Yin-Überschuss. Mit nur einem Yang-Planeten in einem Yin-Zeichen und einem Yin-Planeten in einem Yang-Zeichen ist es etwas komplizierter, und *Sie nehmen dann den Yin- oder Yang-Charakter des Planeten als Indikator für den Mangel.* Ist zum Beispiel Saturn im Schützen die Ursache, dann ist die TCM-Übersetzung ein Yin-Defizit, weil Saturn ein Yin-Planet ist. Der heiße Schütze weist auf die Yang-Symptome hin, die oft bei Yin-Mangel auftreten.

Der erste Grundstein ist schon gelegt, ist die sogenannte »Wurzel«-Diagnose, aber die Übersetzung kann noch verfeinert werden, denn in der TCM gibt es auch die Sechs Schädlichen Einflüsse. Dies ist die »Zweig«-Diagnose, die immer mit einer Wurzel verknüpft ist, um genauer beschreiben zu können und somit bessere Medikamente auswählen zu können. Die sechs Einflüsse sind Hitze, Sommerhitze, Trockenheit, Wind, Kälte und Feuchtigkeit! Wo haben wir das vorher gehört? An die Wurzeldiagnose zu viel Yang können oft Hitze oder die extreme Sommerhitze gekoppelt werden, etwa die westliche Unterscheidung zwischen gelber und roter Galle (heißer als gelbe Galle). Zu der Wurzeldiagnose zu viel Yin gehören Feuchtigkeit oder Kälte. Yang-Mangel ist kalt und Yin-Mangel beinhaltet Trockenheit, Hitze oder Wind, aber Sie können auch alle schädlichen Einflüsse kombinieren.

Haben Sie also den sehr heißen Mars in dem sehr heißen Schützen als Ursache, dann haben Sie als Wurzel zu viel Yang mit extremer Sommerhitze als Zweig. Wenn Sie den trockenen, kalten Saturn im trockenen, heißen Schützen als Ursache finden, dann bekommen Sie einen Yin-Mangel mit Hitze und Trockenheit. Ist die Ursache der trockene, kalte Saturn im feuchtkalten Krebs, dann haben Sie es mit einem Yin-Mangel mit Kälte zu tun. So können Sie die Wurzeldiagnose mit einer Verzweigung ergänzen, die auf den Eigenschaften von Kälte, Trockenheit, Hitze und Feuchtigkeit basiert, die Sie im astrologischen Modell buchstäblich auch finden.

Natürlich ist Wind keine Qualität, sondern kann mit dem

warmen und feuchten Luftelement in Verbindung gebracht werden. So kann durch die Übersetzung der medizinisch-astrologischen Ursache eine grundlegende TCM-Diagnose basierend auf dem medizinischen Stundenhoroskop erstellt werden, sodass die TCM-Kräuter auch in Reichweite des Astrologen gelangen.

Die fünf Elemente

Neben dem Yang-Yin-System gibt es auch ein System von fünf Elementen. Dies sind die fünf, auf die wir so oft gestoßen sind, die aber in China teilweise unterschiedliche Namen erhalten haben. So ist Äther Holz, Erde, Wasser und Feuer sind unter den gleichen Namen wie bei uns bekannt und das Luftelement heißt Metall. Die Eigenschaften sind denen im Westen sehr ähnlich, nur Holz und Metall werden noch einige Fragen aufwerfen. Holz ist mit Frühling und Wachstum verbunden, das kann man verstehen, weil Äther Raum für Expansion und damit für Pläne und Ambitionen hat. Feuer ist verbunden mit Vitalität, Lebendigkeit und Freude, Erde mit Stabilität, Ruhe und Konzentration und Wasser mit Sorgen, Sensitivität und Sanftmütigkeit. Das klingt alles sehr vertraut.

Bei Metall sollten wir nicht an den nützlichen und praktischen Gebrauch davon denken, es wird als das geistige Element betrachtet, als die Essenz der anderen Elemente. Metall ist mit der Lunge und dem Atem verbunden, mit der Atmung wird geistige Energie absorbiert und daher kann Metall als Luft angesehen werden. Genau wie Luft neigt das Metall zur Abstraktion und Distanz.

Es wird deutlich, dass es viele Ähnlichkeiten mit den anderen beiden Systemen gibt, die Unterschiede ergeben sich aus der Art und Weise, in der das fünfte Element in das gesamte Modell integriert ist. In Indien sind die fünf Elemente praktisch in drei Doshas zusammengefasst, dann ist Äther ein Teil von Vata. Im westlichen System ist Äther der Ursprung der anderen vier, aber praktisch kein Teil des Systems.

Das chinesische Modell ist das einzige, in dem Äther wie Holz unabhängig im Modell enthalten ist. Das ist sehr konkret und praktisch. Wie die anderen Elemente ist Holz mit zwei Organen verbunden und findet seinen Platz in den Zyklen des sogenannten Element-Pentagramms, das die Beziehungen zwischen den Elementen darstellt.

Der erste Zyklus ist der Ernährungszyklus: Holz nährt Feuer, Feuer nährt Erde, Erde nährt Metall, Metall nährt Wasser, Wasser nährt Holz. Dies wird verglichen mit Mutter und Kind, wenn es an einem Element fehlt, kann es über das Mutterelement gefüttert werden. Es gibt auch einen Großmutter-Enkel-Zyklus der Beherrschung: Holz kontrolliert Erde, Erde kontrolliert Wasser, Wasser kontrolliert Feuer, Feuer kontrolliert Metall, Metall kontrolliert Holz. Dies wird auch der Zyklus der Vernichtung genannt, wenn es zu viel von einem Element gibt, kann man das mit dem Großelternteil kontrollieren und reduzieren. Jedes Element ist mit Farben, Emotionen, Jahreszeiten, Geschmackausrichtungen, Aktivitäten, Windrichtungen, Kräutern und anderen Medikamenten assoziiert, sodass Sie sehen können, wie Sie ein Element nähren oder kontrollieren können.

Jedes Element ist auch mit Organen verbunden, sodass der Zusammenhang der Organe in diesem Schema gut gesehen werden kann. Zum Holz gehören die Leber (Yin) und die Gallenblase (Yang), zur Erde gehören der Magen (Yin) und die Milz (Yang), zum Metall gehören die Lungen (Yin) und der Dickdarm (Yang), zum Wasser gehören die Nieren (Yin) und die Blase (Yang) und

zum Feuer das Herz mit dem Pericardium (Yin) sowie dem Dünndarm und dem »Dreifachheizer« (Yang). Dieses Organ ist anatomisch unsichtbar und hat eine komplexe Funktion. Der obere Teil sorgt für die Atmung und den Transport von Lebensenergie durch den Körper, der mittlere Teil kümmert sich um die Aufnahme und den Transport von Nährstoffen, der untere Teil hat mit der Ausscheidung von Abfallstoffen zu tun. Die Organe, die unter dasselbe Element fallen, sind Mann und Frau. Wenn etwas mit dem einen nicht gut ist, wird auch den anderen geschadet.

Das Elemente-Schema hat auch eine *Seelen-Dimension.* Die Seele

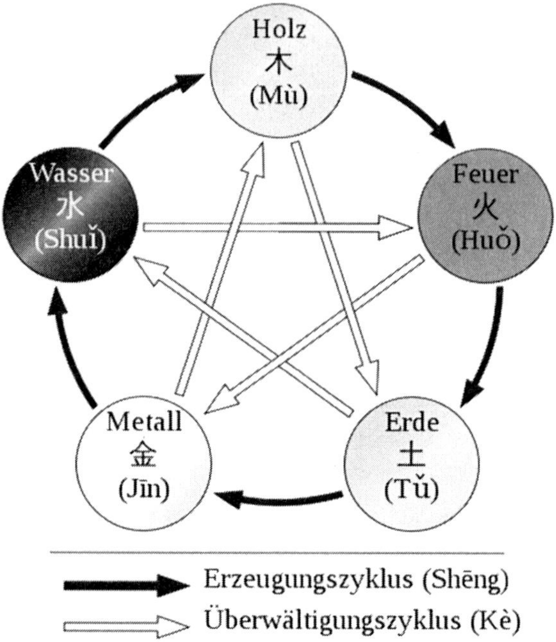

Abbildung 3: Pentagramm der chinesischen Elemente

oder die Psyche kann als das verstanden werden, was den physischen Körper lebendig macht, ihn inspiriert und zu mehr macht als nur einem Beutel aus Knochen und Blut. Zur Leber (Holz) gehört Hun, die ätherische Seele, die nach dem Tod überlebt und dann zum geistigen Ursprung zurückkehrt. Dieser Teil der Seele hat mit Intuition, Inspiration und mentaler und spiritueller Entwicklung zu tun. Sie gleicht die Emotionen aus und weil das Holz mit Wachstum zu tun hat, sichert es die Realisierung von erreichbaren Zielen. Die damit verbundene Emotion ist Wut, die entsteht, wenn die Realisierung von Plänen blockiert ist, sodass Wut auf die Leber schlägt. Hun ist die Verbindung mit »oben«.

Shen ist verbunden mit Feuer und dem Herzen, der geistig-mentalen Seele, aber auch dem Lebensprinzip, und das spiegelt sich im Herzen als Zentrum des Menschen in allen Traditionen wider. Es ist bemerkenswert, wie das Herz dies anatomisch reflektiert, es ist ein Zentrum, das in zwei Kammern und zwei Vorkammern unterteilt ist, also in vier Elemente, die in einem Zentrum, dem fünften, zusammengebracht werden. Die Emotionen des Herzens/Feuers sind Aufregung und Freude, die strahlende Lebenskraft, auch zu wenig oder zu viel.

Mit Erde ist Yin, das Denken, verbunden und das Verdauen von Informationen und Ideen. Die emotionelle Tendenz ist Unruhe und zu viel Nachdenken. Es ist bemerkenswert, dass das Yang-Organ der Erde die Milz ist, die astro-anatomisch zum melancholischen Saturn gehört.

Zum Metall gehört Po, die Körperseele, die innerlich und äußerlich verbindet, was gut zum Metall-(Luft-)Organ der Lunge passt, die Emotion ist Trauer, die oft dadurch entsteht, dass man die Vergangenheit nicht loslassen kann.

Schließlich ist Wasser mit Zhi verbunden, dem Willen, die begleitende Emotion ist Angst. Angst kann also die Nieren, das Wasserorgan, schädigen. Sie sind letztlich die tiefste Quelle der Lebensenergie.

Dieses Diagramm bietet vor allem viel Einblick in die Interaktionen zwischen Elementen und Organen, physisch und emotional, was oft hilfreich sein kann, um Symptommuster zu verstehen. Zum Beispiel wird, wenn es ein Problem mit der Leber gibt, das Holz-Element nicht optimal funktionieren und Probleme mit dem Herzen können auch auftreten. Um die Leber zu nähren, muss man ihre Mutter, die Nieren und das begleitende Wasser benutzen, denn da bestehen Zusammenhänge. In der Praxis der medizinischen Astrologie ist dieses Schema in erster Linie wichtig, um diese Zusammenhänge zu verstehen. Die Anwesenheit von Holz erschwert eine direkte systematische Übersetzung zwischen der Diagnose mit dem medizinischen Stundenhoroskop und dem Elemente-Pentagramm.

TCM ist immer sehr pragmatisch in Diagnose und Behandlung, es gibt mehrere Methoden der Diagnose nebeneinander und die Behandlungsmethoden sind vielfältig: Kräuter, Schröpfen, Massagen,

Akupunktur, Qi Gong und einiges mehr. Da es sich hier nicht um ein Buch über TCM handelt und dies hauptsächlich die Verbindung zur medizinischen Astrologie betrifft, verweisen wir auf die hervorragende Literatur in diesem Bereich (siehe Bibliografie).

Alles in allem ist die Verbindung der medizinischen Astrologie mit der ayurvedischen Tridosha-Diagnose recht einfach zu erklären, sie ist etwas komplexer, aber die Übertragung in das TCM-Yin/Yang-System mit den sechs schädlichen Einflüssen ist immer noch gut machbar. Das TCM-Element Pentagramm wird aber am besten benutzt, um Zusammenhänge zwischen Organen und Symptomen emotionell und physisch besser zu verstehen. Der Wert dieser Übersetzungen besteht darin, dass die verschiedenen Methoden und Mittel aus den anderen Traditionen auch auf der Grundlage einer Diagnose mit dem Stundenhoroskop verwendet werden können.

Schüßlersalze in der medizinischen Astrologie

Die bekannten Zellsalze von Dr. Schüßler wirken als Biokatalysatoren, welche die Aufnahme eines Mineralsalzes stimulieren, dessen Mangel in einer Zelle entstanden ist. Tritt ein solcher Mangel auf, entwickelt sich ein spezifisches Symptommuster, aufgrund dessen diese Mittel verschrieben werden können. Die Zellsalze arbeiten auf Zellebene und daher auch sehr allgemein, weil Zellen überall sind. Dort finden Sie die grundsätzliche Verbindung mit der humoralen Medizin, die in der Regel auch von allgemeiner Art ist. Die Wahl der Mittel und deren Anwendung wird im Zellsalzsystem aus den physiologischen Funktionen der Salze und den Symptomen, die zu einem Mangel an den Salzen führen können, wissenschaftlich-physiologisch abgeleitet.

Die Zellsalze sind ein gutes Beispiel für die Kombination von naturwissenschaftlichem Wissen und Naturheilkunde. Dieses System wurde im 19. Jahrhundert vom deutschen Arzt Dr. Wilhelm Heinrich Schüßler konzipiert. Der wissenschaftliche Ansatz in der Medizin war in voller Entwicklung und Dr. Schüßler stützte sein System auf neue »biochemische« Kenntnisse der Funktionsweise von Mineralien in den Zellen. Gleichzeitig bleibt das System naturheilkundlich, denn es sieht Krankheit als gestörte Funktion im Körper und nicht als Folge des Eindringens eines Virus oder eines Bakteriums. Die Zellsalze wirken auf diese gestörte Funktion auf der Ebene der Zelle im ganzen Körper und haben somit ein sehr breites Anwendungsspektrum.

Dies ermöglicht die Verbindung mit der medizinischen Astrologie und dem Modell der Humores und der Planeten. Astrologische Faktoren wie Humores und planetare Energien beschreiben auch die Funktionen im Körper/Geist-System. In der medizinischen

Astrologie sind Krankheitssymptome auch das Ergebnis eines gestörten Gleichgewichts, einer planetaren Energie, die aufgrund eines Überschusses eines der Humores nicht mehr richtig funktioniert. Wenn wir also die Funktionsweise der Zellsalze in Bezug auf Elemente und Planeten beschreiben und verstehen können, wird die Verbindung zwischen Astrologie und Schüßler'scher Biochemie hergestellt. Dies bedeutet nicht, dass es möglich ist, das richtige Zellsalz ausschließlich auf der Basis des medizinischen Fragenhoroskops zu wählen, aber das Stundenhoroskop kann eine wichtige Stütze bei dieser Wahl sein.

In diesem Kapitel werden hauptsächlich die 12 ursprünglichen Zellsalze diskutiert, die Salze Nummer 1 bis 12, das System wurde später um 12 zusätzliche Salze erweitert. Diese Zellsalze 13 bis 24 sind ebenfalls interessant und haben eine eindeutige medizinisch-astrologische Signatur, auf die in diesem Kapitel allerdings nicht eingegangen wird. Die Nummern 13–24 sind nicht mehr als zusätzliche Mittel, die im Prinzip in Kombination mit den Hauptmitteln 1 bis 12 verwendet werden. Der große Vorteil des Zellsalzsystems besteht darin, dass es gut organisiert ist und sich nicht in einem Ozean von Substanzen wie in der Homöopathie verliert und dieser Nutzen nicht verloren gehen sollte. Deshalb bleiben wir bei den ursprünglichen zwölf.

Die Tatsache, dass es zwölf Salze gibt, hat in astrologischen Kreisen zu einer sehr bedauerlichen Entwicklung geführt. Sie verstehen schon, jedes Salz soll auf der Grundlage der Wirkung mit einem »Sternzeichen« verbunden sein und so will man jedes Sonnenzeichen mit einem Salz koppeln, das für sie »konstitutionell« ist, zum Beispiel sollte ein Stier Salz Nr. 2 nehmen. Dies ist zu einfach gedacht und sachlich falsch. Es gibt keine wirklichen konstitutionellen Mittel in der Biochemie von Dr. Schüßler, das Sonnenzeichen sagt *nichts* über den Gesundheitszustand und die Schwächen aus und die zwölf Zeichen können nicht einfach mit den zwölf Mitteln verknüpft werden. Nur auf der Grundlage einer echten medizinisch-astrologischen Beschreibung eines Zellsalzes kann eine praktisch wertvolle und sichere Verbindung mit der Astrologie hergestellt werden.

Die Wirkung der Zellsalze

Um die Zellsalze zu beschreiben und zu verstehen, verwenden wir zwei Quellen, zum einen die anthroposophische Theorie von Rudolf Hauschka und zum anderen die Erfahrungen, die im letzten Jahrhundert mit der Anwendung von Zellsalzen in der Praxis gesammelt wurden. Aus der Kombination der eher theoretischen Charakterisierung chemischer Substanzen als »Prozess« von Hauschka und der praktischen Erfahrung entsteht ein Bild der zwölf Salze, das eine Verbindung mit der medizinischen Astrologie ermöglicht. Gleichzeitig ist es ein Modell, das zeigt, wie wissenschaftliche Fakten in ein breiteres System eingebunden werden können. Auf diese Weise werden wir beiden Formen des Wissens gerecht, die wissenschaftlichen Tatsachen werden nicht ignoriert, aber auch die mehr als materielle Natur der Welt wird respektiert.

Das Erste, was an den Zellsalzen auffällt, ist ihre grundlegende Polarität. Salze sind im chemischen Sinne Zusammensetzungen aus zwei Arten von Atomen, die eine positive und eine negative elektrische Ladung haben, sogenannte Ionen. Diese beiden Arten von Ionen gehen eine Verbindung ein und bilden dann eine ausgewogene Einheit, die wir chemisch ein »Salz« nennen. Auf der positiven Seite des Salzes sind Atome von »Metallen«, die Teil des Salzes sind, wie Natrium, Kalium, Calcium, Magnesium und Eisen, auf der negativen Seite sind in der Regel Halogene (wörtlich »Salzformer«) wie Fluor, Brom, Chlor und Jod, aber auch Substanzen wie Schwefel, Phosphor und sogar Arsen.

Die beiden Bestandteile haben einen klaren Charakter, wie ihn der Anthroposoph Rudolf Hauschka in seinem Buch SUBSTANZLEHRE beschreibt. Seiner Ansicht nach werden Atome – oder eher »Substanzen« – als mehr als nur materiell betrachtet, sie sind Träger von Prozessen. Die »Metalle«, die oft den ersten Teil des Zellsalzes ausmachen, werden sehr allgemein als »basisch«, d. h. als Seifenformer, bezeichnet. Die große Eigenschaft einer Seife ist, dass sie umhüllend und weich ist, Basen haben einen weiblichen und passiven

Charakter. Auf der anderen Seite sind die Halogene wie Fluor und Chlor, die sehr scharfe Säuren bilden können, sie sind aggressive Substanzen mit einem »maskulinen« Charakter. Zum Beispiel ist die Säure von Fluor, Fluorwasserstoff, so scharf, dass sie sogar Glas angreift.

Diese Gegenüberstellung von Säuren und Basen wird im sogenannten Periodensystem, einer Klassifikation der chemischen – und daher nicht astrologischen – Elemente, die in der Chemie verwendet wird, ausgedrückt. In der äußersten linken Spalte des Periodensystems sind die basenbildenden Substanzen, die sogenannten Alkalimetalle, rechts die scharfen Halogensäurebildner und in der Mitte die sogenannten »Zwischenstoffe« für das Leben auf der Erde, wie Kohlenstoff und Silizium. Es hat keinen Sinn, jetzt sehr tief in die Materie einzudringen. Für uns ist es wichtig zu wissen, dass in einem wissenschaftlichen Konzept wie dem Periodensystem die Grundpolarität männlich-weiblich, aktiv-passiv ebenfalls wieder-auftaucht. Auch die Astrologie kennt diese Polarität als Grundprinzip, zum Beispiel in der Sonne/Mond-Gegenüberstellung und in den männlichen und weiblichen Zeichen.

Was dies auf einer praktischen Ebene bedeutet, ist, dass ein Zellsalz oft der Ausdruck einer metallisch-alkalischen Seite gegenüber einer Polarität ist und so das Salz ein Gleichgewicht erzeugen kann. Das Basen-Säure-Gleichgewicht wird auch in der anthroposophischen Medizin als Ausdruck der Wechselwirkung zwischen den höheren, aktiven astrologischen Elementen von Feuer und Luft und den unteren, passiven astrologischen Elementen von Wasser und Erde gesehen. Die richtige Interaktion und Balance zwischen aktiven und passiven Elementen ist Gesundheit. Die einzelnen Substanzen, die die 12 Basen-Salze bilden, sind die folgenden:

- Metalle und »basische« Seite: Natrium, Kalium, Kalzium, Magnesium, Eisen
- Halogen und die »Säure«-Seite: Phosphor, Schwefel, Chlor, Fluor

Das elfte Salz *Silicea* besteht aus einem homöopathischen potenzierten (geriebenen) Einzelelement, nur Silizium, und nimmt eine separate Position ein. Silizium ist in der Mitte des Periodensystems und stellt in sich ein Gleichgewicht dar, auch ohne Teil einer Salzeinheit zu sein. Wir haben also nur zehn Substanzen, die die zwölf Basen-Salze aufbauen, und es lohnt sich, den tieferen Prozess, von dem diese Substanzen Träger sind, klar zu formulieren. Auf der Basis dieses Konzepts sind die Zellsalze leichter zu ergründen.

Die erste Serie auf der weiblichen Basisseite, nämlich Natrium, Kalium, Kalzium und Magnesium gehören zusammen. Natrium und Kalium sind echte, ausgesprochene Alkalimetalle, weibliche, seifige Basenformer und sind stark mit dem Feuchtigkeitshaushalt verbunden, mit den »kolloidalen«, den so wichtigen Flüssigkeiten, in denen feste Teilchen schwimmen. Sie werden von Hauschka mit Luft und Wasser in Verbindung gebracht, in anthroposophischer Hinsicht das Astrale (Luft) und das Ätherische (Wasser), beides feuchte Elemente. Natrium befindet sich hauptsächlich in dem Raum zwischen den Zellen und Kalium innerhalb der Zellen. So versteht man die Assoziation von Natrium mit Luft oder Blut, das expansive Blut breitet sich ja im ganzen Körper aus. Kalium hat mit Phlegma oder Wasser zu tun, weil es zwar feucht, aber kalt ist und damit weniger Energie hat: Kalium verbleibt darum in der Zelle selbst.

Kalzium ist der Baustoff der Knochen, der auch an der Blutgerinnung beteiligt ist sowie an der Heilung von Wunden. Es stabilisiert die Membranen und stimuliert den Zusammenhalt zwischen den Zellen. Auch in vielen weiteren Kalziumfunktionen ist ein deutlich adstringierender, stabilisierender, trockener und kühlender Erdcharakter erkennbar. Magnesium als viertes in dieser Reihe ist mit dem Feuerelement verbunden, in der Anthroposophie ist dies das Ich-Prinzip und es spiegelt sich in der Aktivität des Magnesiums im Chlorophyll wider. Chlorophyll ist die grüne Substanz in den Pflanzen, durch die Sonnenlicht in Form von Kohlenhydraten festgehalten wird. Der Magnesiumprozess wird von Hauschka so definiert, dass er überall dort arbeitet, wo Lichtkraft (Feuer) aktiviert und in feste Form gebracht wird (auch eine Mondfunktion).

Diese vier Substanzen können somit mit den vier Elementen assoziiert werden, aber das bedeutet nicht sofort, dass, wenn ein Überschuss an Blut im Körper vorhanden ist, ein Natriumzellsalz notwendigerweise verschrieben werden sollte, um diesen Überschuss zu korrigieren. Die Verbindung mit den Elementen dient mehr dem Verständnis auf einer fundamentalen Ebene: Sie verstehen jetzt, warum bei hohem Blutdruck zu viel Küchensalz – Natriumchlorid – nicht gut ist. Dieses Konzept kann helfen, das richtige Zellsalz zu finden, aber die Wahl des richtigen Mittels kann niemals nur auf Basis einer theoretisch definierten Methode erfolgen, die Interaktion mit der Praxis, mit den beobachteten Symptomen, ist sehr wichtig. Und das gilt auch für andere Heilmittel wie Steine, alchemistische Tinkturen und Kräuter. Es geht um das Zusammenspiel zwischen dem Horoskop, den Mitteln und der medizinischen Realität.

Auf der anderen männlichen Halogenseite der Zellsalze finden wir Fluor, Chlor, Phosphor und Schwefel in den Salzen. Chlor und insbesondere Fluor haben einen stark terminierenden, begrenzenden, scharfen Charakter, sie unterscheiden sich stark von den feuchtigkeitsgebundenen Alkalimetallen, Natrium und Kalium. Die abrundende, festlegende Wirkung von Fluor ist bei der Verwendung von Fluor für gesunde Zähne sehr deutlich. Der Schwefelprozess wird von Hauschka als aktive, vitale Wärme beschrieben, die hauptsächlich den organischen Stoffwechsel des Körpers aktiviert. Schwefel ist daher auch an vielen Abbau- und Ausscheidungsvorgängen beteiligt.

Der Phosphorprozess ist stark mit den Nerven verbunden, mit dem rationalen Bewusstsein und die Übertragung der strukturierenden kosmischen Kräfte auf die inneren Organe. Es symbolisiert die endgültige Verdichtung in den Organen. Wir haben immer noch das Eisen und das Silizium übrig. Das Eisen, das im dritten Zellsalz *Ferrum Phosporicum* vorkommt, hat natürlich eine sehr klare astrologische Signatur, es ist mit der feurigen Kraft des Mars verbunden, dem Planeten, zu dem das Eisen gehört. Silizium ist eine Substanz, die eine sehr starke Verbindung mit dem Aufbau einer festen

Struktur hat, aber etwas anderes ist als Kalzium: Kalzium baut sich aus dem Kern auf und Silizium begrenzt von außen. Es kommt sehr häufig in der Haut vor und es ist nicht so seltsam, dass ein Viertel der Erdkruste aus Silizium besteht. Der Stoff hat eine klare Saturn-Signatur.

Aber nicht jede separate Substanz hat eine verständliche, klare Signatur im astrologischen System. Dies kommt erst, wenn wir die Verbindungen und damit die Zellsalze selbst unter die Lupe nehmen und aufgrund der Funktionsweise des Zellsalzes mit der medizinischen Astrologie in Verbindung kommen.

Ursprünglich gibt es zwölf Zellsalze, die von 1 bis 12 nummeriert sind. Die übliche Reihenfolge hat sich im Zusammenhang mit dem Zweck dieses Kapitels geändert.

Drei Kalziumsalze

1 Calcium Fluoratum. Basierend auf den Prozessen, mit denen die Bestandteile verbunden sind, kann eine abrundende Wirkung (Fluor) auf der Erdebene der festen Teile (Kalzium) erwartet werden.

Tatsächlich wirkt das Mittel stark auf Haut, Knochen, Bindegewebe und alle Stützgewebe (Erdgeweben) und verleiht diesen Geweben die richtige Stärke und Feuchtigkeit.
Wirkungssignatur: korrigierend auf Erdprozesse.

2 Calcium Phosphoricum: Auch hier ist eine Wirkung auf der Erde zu erwarten (Kalzium), aber aufgrund des Phosphors, der die endgültige Verdichtung in den Organen symbolisiert, verlagert sich die Betonung mehr auf den Aufbau und die Erhaltung der Knochenstruktur. Beide Bestandteile kühlen und daher dämpft dieses Salz auch Stoffwechselprozesse, die zu schnell ablaufen.
Wirkungssignatur: kühlende, aufbauende Erdprozesse.

12 Calcium Sulfuricum. In diesem Salz wird die dämpfende Erdwirkung von Kalzium mit der erhitzenden, stoffwechselanregenden und reinigenden Wirkung von Schwefel kombiniert. Dieses Salz ist

hauptsächlich ein Mittel gegen Entzündungen, die geschürt, gereinigt und abgeschlossen werden.
Wirkungssignatur: erwärmend, reinigend, abschließen von Entzündungen.

Drei Kaliumsalze

4 Kalium chloratum. Aufgrund des Kaliumgehalts ist mit einem Einfluss auf den Feuchtigkeitshaushalt zu rechnen. In der Tat ist dieses Salz das wichtigste Lymphmittel in der Biochemie, es wirkt gegen Lymphschwellung und Phlegmaüberschuss. Das Lymphsystem ist auf humorale Weise stark mit dem Schleim verbunden.
Wirkungssignatur: wasserkorrigierend, wirkt gegen Lymphstau.

5 Kalium Phosphoricum. Der Phosphor-Prozess ist mit dem rationalen, kühlen Licht der Nerven verbunden und dieses Salz ist das große Mittel für das Nervensystem und psychologische Probleme. Das Kalium wirkt auf den Wasserhaushalt in den Zellen, daher wird das Salz als Energeticum bezeichnet. Es wirkt gegen das »Auflösen« oder »Untergehen« der Zellen in zu viel Wasser oder Schleim.
Wirkungssignatur: arbeitet gegen überschüssiges Wasser, gibt Energie, harmonisiert das Nervensystem.

6 Kalium Sulphuricum. Der feurige Schwefel stimuliert die Feuerprozesse des Stoffwechsels und das Kalium wirkt gegen zu viel Wasser.

Dieses Mittelt stimuliert das »Pneuma«, die lebenswichtige Lebensenergie, indem es phlegmatisch hemmenden Abfall beseitigt und den Stoffwechsel und die Sauerstoffversorgung wieder in Gang bringt.
Wirkungssignatur: erwärmend, neutralisiert den Schleim, stärkt die Lebensenergie.

In seiner Wirkung gleicht dieses Salz der Engelwurzel, dem Kraut Angelica, das unter die Sonne fällt. Dieses Salz gibt Vitalität und vermehrt Pneuma durch die Entfernung von Schleim aus dem System.

8 Natrium Chloratum. Natrium reguliert den Feuchtigkeitshaushalt und die Qualität des Blutes. Das Salz hält die richtige Alkali-Säure-Balance und sorgt so für die richtige Menge an Wärme und Bewegung im Feuchtigkeitshaushalt.
Wirkungssignatur: korrigiert Schleim, wirkt auf das Blut, aufbauend.

9 Natrium Phosphoricum. Natrium ist mit dem Blut verbunden, Phosphor beruhigt und dämpft. Dieses Salz wirkt gegen alle hyperkinetischen, entzündlichen Prozesse und einen zu sauren (feurigen) Zustand.
Wirkungssignatur: kühlend und dämpfend.

10 Natrium Sulfuricum. Natrium wirkt auf die Feuchtigkeit, Schwefel reinigt – das überschüssige Wasser wird sehr kraftvoll aus dem System herausgearbeitet.
Wirkungssignatur: erwärmend und trocknend.

Die drei übrigen Salze

3 Ferrum phosphoricum. Wirkt wie Mars energetisierend, stimulierend als Tonikum, wirkt auf den Muskeltonus und die Vitalität, je nach Potenz dämpfend (D 12) oder anfeuernd (D 3).
Wirkungssignatur: Mars und Feuerelement.

7 Magnesium Phosphoricum. Magnesium wirkt wie Licht, das in eine feste Form kommt und Phosphor ist die Verdichtung. Es wirkt stark wie der Mond (es ist der Mond, der das Sonnenlicht zur Erde hin reflektiert). Es harmonisiert, beruhigt und rhythmisiert, wirkt gegen Krämpfe, beruhigt Nerven und Herz und hält den richtigen Energiefluss am Laufen.
Wirkungssignatur: Mond, dämpfend bei Blutüberschuss.

11 Silicea. Silizium hat, wie schon erwähnt, eine starke Saturn-

Signatur und wirkt korrigierend auf Haut, Bindegewebe und Schleimhäute. Es wirkt aufbauend auf Knochen und Gelenke, stimuliert das Immunsystem und sorgt für die richtige Menge an Feuchtigkeit.
Wirkungssignatur: Saturn

Wie gesagt, es ist nicht so, dass es auf der Grundlage der obigen Beschreibungen möglich wäre, das richtige Zellsalz mit dem medizinischen Stundenhoroskop allein auszuwählen. Dies wird immer auf der Grundlage des Symptombildes und der Anamnese geschehen müssen. Aber die Signaturen der Zellsalze liefern doch eindeutige Hinweise, dass man diese im Zusammenhang mit der medizinisch-astrologischen Diagnose benutzen kann. Wenn zum Beispiel ein Blutüberschuss mit einer chronischen Lymphschwellung vorliegt, dann denkt man schnell an ein Natriumsalz, denn Natrium wirkt auf Feuchtigkeit und Blut und Natriumchlorat ist dann völlig passend, weil dieses Zellsalz gegen Schwellungen wirkt. Genau wie bei der Bestimmung des richtigen Heilkrauts ist die Wirkung auf die Elemente, die (Planeten-)Signatur des Medikaments und die Wirkung gegen bestimmte Symptome wichtig.

Obwohl Zellsalze keine homöopathischen Mittel sind, werden sie potenziert. Dies bedeutet, dass die Salze in stark verdünnter Form verschrieben werden. Dieser Verdünnungsprozess kann als eine Art Entmaterialisierung angesehen werden, bei der die Heilsubstanzen in der Substanz freigesetzt werden. Dies bedeutet, dass ein Produkt stärker wirkt, wenn es stärker verdünnt wird! Bei dieser fortschreitenden Verdünnungsrate handelt es sich oft auch um einen Wendepunkt, an dem sich die Wirkung des Medikaments dreht und es ist daher wichtig, dies zu beachten.

Bei Zellsalzen sind die Potenzen D3, D6 und D12 üblich. Die »hohe« Potenz D12 (12-fach »verdünnt« – in einem Verhältnis von 1:10) arbeitet meistenteils dämpfend bei überaktiven, »hohen« Prozessen. Die niedrige Potenz D3 oder D6 erhöht die Energie bei »niedrigen« Prozessen. Im Falle einer akuten Entzündung mit zu viel Feuer (Mars im Widder als Ursache) sollten Sie *Ferrum*

Phosphoricum in D12 geben, um zu dämpfen. Im Falle eines Burnouts mit zu wenig Feuer (Mars im Skorpion als Ursache) eher *Ferrum Phosphoricum* in D3. Im Kapitel 8 werden eine Reihe von Beispielen für die Verordnung von Zellsalzen vorgestellt. Ein hervorragendes Buch über die Wirkung von Zellsalzen ist PRAKTISCHE BIOCHEMIE NACH DR. SCHÜẞLER (siehe Literaturliste).

Die astrologische Signatur der Krankheit

In diesem Buch wird immer wieder dargelegt, dass die klassische Astrologie ein lebendiges Fach ist, das auf alten Texten und weitergegebenem Wissen basiert, das aber mit der notwendigen Offenheit des Geistes praktiziert werden sollte. Dies bedeutet, dass die alten Texte auf der Grundlage des Verständnisses der traditionellen Prinzipien aufgeräumt werden können. Es gibt viel Unsinn und Widersprüche, die beseitigt werden können, um ein besseres und effektiveres System zu schaffen. Eine Übersetzung von weiteren 10.000 Seiten von Guido Bonatti bringt uns in der klassischen Astrologie nicht wirklich weiter. Wenn der gute Mann auf 300 Seiten nicht erklären kann, wie es geht, dann weiß er offensichtlich nicht mehr, was wirklich wichtig ist. Die Rekonstruktion der klassischen Astrologie erfolgt in der Praxis und nicht in den staubigen Studierzimmern.

Dieser Geist der Offenheit führt dazu, dass auch die klassische Astrologie aktuell ist und dass man sie gebrauchen kann, um mit Problemen unserer Zeit umzugehen. Der obige Text über die Zellsalze hat bereits gezeigt, wie man das im medizinisch-astrologischen Kontext machen kann. Aber die Idee der Signatur ist unendlich fruchtbar und man kann sie auch umkehren. Nicht nur Medikamente haben eine Signatur, sondern Krankheiten können auch astrologisch anhand ihrer Zeichen interpretiert werden. Und wenn Sie die astrologische Signatur der Krankheiten verstanden haben, können Sie nach passenden Medikamenten suchen. Das könnte in Zukunft sehr wichtig werden, weil Bakterien zum Beispiel durch den Missbrauch von Antibiotika zunehmend resistent werden.

Nehmen wir eine Krankheit wie Tuberkulose, die immer noch viele Opfer auf der ganzen Welt fordert und von der auch multiresistente Formen auftreten. Wenn man die Signatur von TBC finden könnte, d.h. erkennen, durch welchen humoralen Überschuss und welche gestörte planetare Energie diese Krankheit verursacht wird, kann nach neuen natürlichen Medikamenten gesucht werden und neue präventive Strategien lassen sich entwickeln. Um die Signatur feststellen zu können, wird das Krankheitsbild auf breite Manier betrachtet. TBC ist in erster Linie eine Lungenerkrankung – aber nicht nur – und wird regelmäßig durch das Bakterium Mycobacterium Tuberculosis verursacht. Oder sagen wir, wenn es TBC-Symptomen gibt, ist dieses Bakterium im Körper vorhanden. Die Infektion mit TBC erfolgt über die Luft durch Husten, alles deutet also in Richtung Luft und Lunge: Jupiter.

Da passt das fast romantische Bild des Tuberkulosekranken aus der Literatur des 19. Jh. mit erröteten Wangen und aufgeregtem Verhalten (Jupiter, ein aufgeregter Luftplanet). Der Verlauf der Krankheit zeigt uns den Weg, das TB-Bakterium bildet in der Lunge und in anderen Organen eine Art Auswuchs oder Wachstum (Jupiter!). Auf lange Sicht allerdings verkalken diese Wucherungen und härten aus, wodurch die betroffenen Gewebe schließlich vollständig zerfallen. Das hat dazu geführt, dass die Krankheit auch als Schwindsucht bezeichnet wird. Der Patient schwindet tatsächlich.

Dies bringt einen weiteren Aspekt von TBC zum Vorschein, der nicht direkt mit Jupiter und Luft in Verbindung steht, sondern mehr mit der humoralen Ursache der Krankheit. Schwinden, sich wegzehren ist kalt und trocken, eine melancholische Krankheit, die durch die alte Behandlung bestätigt wird, in Sanatorien mit viel Luft und Licht, die gegen die Kälte und Trockenheit der schwarzen Galle wirkt. Die Idee, dass TBC bei Künstlern und »sensiblen« Typen häufiger anzutreffen sei, fügt sich auch in die melancholische Signatur ein, das Erdelement ist stark mit Kunst, dem Ausdruck von Gefühlen und Ideen verbunden.

Die Signatur von TBC ist also Jupiter-Energie, die durch übermäßige Kälte und Trockenheit aus dem Gleichgewicht gebracht wurde. Die Behandlung muss daher mit feuchten und wärmenden Mitteln erfolgen, die zum Planeten Jupiter gehören. Dies gilt auch präventiv, am gefühligsten für eine TBC-Infektion werden die Melancholiker mit einem schwachen Jupiter im 6. Haus sein. Dies gibt auch eine andere Sichtweise auf Infektionen mit Bakterien und Viren oder sogar auf die Entwicklung der rätselhaft denaturierten krankmachenden Eiweißproteine, die Prionen. Bei all diesen Infektionen muss der Nährboden für die Infektion bereits im Organismus vorhanden sein, da sonst keine Infektion oder Entwicklung von Symptomen stattfinden kann.

Also ist die Infektion das Ergebnis der Krankheit, nicht umgekehrt! Es wäre völlig idiotisch zu behaupten, dass das Bakterium oder das Virus nicht als Keim existiert, aber das muss vor diesem Hintergrund gesehen werden. Das menschliche System als Ganzes, Körper, Psyche und Geist dient als Nahrung für die mögliche Infektion. Wenn das System im Gleichgewicht ist, treten die Bakterien in das System ein, können jedoch oft keine Symptome verursachen. Sonst wäre es auch unverständlich, warum wir nicht ständig an der unerhörten Anzahl von Bakterien leiden, die wir mit jedem Atemzug hereinholen.

Die astrologische Signatur von TBC als schwarzgallige Jupiter-Krankheit wird durch die Wirkung eines der traditionell gegen Tuberkulose eingesetzten Kräuter, des Huflattich *Tussilago Farfara*, bestätigt. Er wird als wärmend und feuchtigkeitsspendend und somit als antimelancholisch bezeichnet und gehört laut Culpeper zum Planeten Venus. Das ergibt Sinn, weil Venus-Medikamente durch »Erhöhungssympathie« Jupiter-Krankheiten heilen. Dies bedeutet, dass ein Planet heilende Kraft hat – eine »korrigierende« Wirkung – auf den Planeten, in dessen Zeichen er erhöht ist. Venus ist im Jupiterzeichen Fische erhöht und wirkt darum heilend bei Jupiterkrankheiten. Es ist klar, dass jetzt ein neues Heilmittel gegen Tuberkulose entwickelt werden kann, basierend auf antimelancholischen Venus- und Jupitermitteln. Als Zellsalz kann man an *Calcium Phosphoricum* denken, das auf Erdprozesse einwirkt und gleichzeitig die zu stark sich ausdehnenden Jupiter-Prozesse dämpft.

Ein weiterer interessanter Fall ist, dass das medizinisch-astrologisches Denken gut zu den »AIDS-Dissidenten« passt, die die vorherrschenden Ansichten über die Ursache der Krankheit kritisieren. Diese Kritiker kommen aus der Wissenschaft selbst und bezweifeln zunehmend die aktuelle HIV-Theorie. Dies ist nicht der Ort, um die gesamte Diskussion über HIV zu erörtern, es würde zu weit führen, aber es bedeutet im Grunde, dass die Kritiker, wie der amerikanische Entdecker des HIV-Retrovirus Peter Duesburg selbst, sagen, dass AIDS ein Symptom ist, ein Ergebnis eines geschwächten Immunsystems. Es wird nicht allein vom HIV-Virus verursacht, sondern auch von einer Lebensweise, die das Immunsystem überlastet. Es ist bemerkenswert, dass dies hauptsächlich das Durchbrechen der normalen Schutzbarrieren im Körper beinhaltet.

Ein Beispiel sind die intravenösen Drogenkonsumenten, die ständig mit Nadeln die Haut durchbrechen und das Immunsystem enorm mit allerlei Fremdstoffen belasten, gegen die es sich immer wieder verteidigen muss. Ein anderes Beispiel ist der überschwengliche Teil der homosexuellen Gemeinschaft, der mit häufigen wechselnden Kontakten viele Fremdproteine direkt in den Blutkreislauf leitet, die ebenfalls eine starke Belastung des Immunsystems darstellen. Auch eine dritte Gruppe mit erhöhtem AIDS-Risiko, Hämophilie-Patienten passen in dieses Bild. Die Behandlung der Hämophilie besteht in der Einführung von Gerinnungsproteinen direkt in den Blutkreislauf, wobei das bei einem Teil der Patienten zu einer erhöhten Aktivität des Immunsystems führt. Bei Hämophilie ist die natürliche Fähigkeit zur Blutgerinnung stark reduziert und die Gerinnungsfaktoren müssen von außen eingeführt werden.

Wie erwähnt, kann die Diskussion hier nicht ausführlich wiederholt werden, aber die Idee von Wissenschaftlern wie Peter Duesburg, dass AIDS nicht nur eine Viruserkrankung ist, sondern auch von einem überlasteten Immunsystem herrührt, führt direkt zu Saturn. Auch eines der häufigsten Symptome bei AIDS, das Carposi-Sarkom, ist eine Form von Hautkrebs, die in diese Richtung zeigt, denn die Haut fällt unter Saturn. Sogar die Tatsache, dass Aids unter sozial schwächeren und ausgegrenzten Gruppen am weitesten verbreitet ist, passt zum Saturnbild, auch Randgruppen stehen natürlich unter Saturn. Dieses Planetenbild der Saturn-Krankheit muss durch humorale Verursachung ergänzt werden. Alles deutet in Richtung eines Wasserüberschusses, Wasser verbindet, durchbricht Grenzen und ist das Element der Begierde. Geschlechtskrankheiten wie Syphilis und Gonorrhoe sind auch Wasserkrankheiten, die jedoch unter den Planeten Venus fallen, was sich noch immer in dem Begriff »venerische Krankheiten« widerspiegelt.

Eine alternative Behandlung von AIDS sollte sich daher darauf konzentrieren, das System aufzuwärmen und zu dehydrieren und das Immunsystem mit Saturnmitteln, aber auch mit Marsmitteln zu stärken. Mars wird im Steinbock, dem Zeichen des Saturn, erhöht und unterstützt auf diese Weise die Saturnkraft. Man könnte sich eine Kombination aus einer alchemistischen Eisentinktur (Mars) und Propolis (Saturn) als Basis vorstellen. Als Zellsalze kann man eine Kombination von Ferrum Phosphoricum in niedriger Potenz zur Mobilisierung der martialischen Feuerkräfte und Silicea zur Ernährung von Saturn in Betracht ziehen.

Es geht also darum, in allen Bereichen starke Abgrenzung zu erlangen, sei es über das Immunsystem oder über eine einfache Maßnahme wie die Verwendung eines Kondoms – von Liebenden nicht geliebt, weil saturnisch! – oder die Verhinderung von sozialer Ausgrenzung. Die astrologische Symbolik ist wie immer sehr breit, aber präzise (z.B. Sport ist immer ein Mittel, um Randgruppen zu aktivieren: der feurige Mars hilft dem marginalen Saturn, Mars ist in Erhöhungssympathie mit Saturn).

ADHS kann als letztes Beispiel für die astrologische Krankheitssignatur dienen. Wir neigen dazu, dies wie AIDS als eine »neue moderne« Krankheit zu betrachten. Nichts ist weniger wahr, weil es nichts Neues unter der Sonne gibt, alles ist schon einmal geschehen, nur die konkrete Form, in der es erscheint, variiert im Laufe der Jahrhunderte. Es gibt genaue Beschreibungen von ADHS schon vor mehr als 150 Jahren, aber es hatte eine andere Bezeichnung zu der Zeit, es wurde »Erethrische Skrophulose« genannt.

Die Symptome von ADHS sind Überstimulation, Hyperaktivität und Konzentrationsschwäche. Das System ist also zu grenzenlos und zu offen, nimmt zu viele Impulse auf und das deutet auf eine Wasserstörung hin. ADHS ist auch strak eine mentale Störung und daher ist die astrologische Signatur eine gestörte Merkur-Funktion aufgrund von überschüssigem Wasser. Merkur selbst ist alles, was unruhig ist und in alle Richtungen geht. Die Medikamente, die durch die reguläre Medizin verabreicht werden, fügen sich nahtlos in diese Signatur ein, Ritalin ist im Wesentlichen eine Form von Speed, also ein Energieverstärker, der gegen Phlegma-Übermaß wirkt.

Die alternative Therapie würde daher auch darauf abzielen, den phlegmatischen Überschuss durch trockene/heiße Mittel aus dem Körper zu verdrängen, das System für Impulse weniger offen zu machen und das Nervensystem gleichzeitig mit Merkurmitteln zu stärken und zu beruhigen. Ein Kraut wie Baldrian, das heiß und trocken ist und zu Merkur gehört, könnte Teil einer solchen Behandlung sein. Als Zellsalz kann man an Kalium Phosphoricum denken, der Phosphor wirkt auf die Nerven und das Kalium auf das Wasser. Als zusätzliches Kombinationsmittel kann man sich eines der zusätzlichen Zellsalze vorstellen: *Kalium Bromatum* Nummer 14. Das Kalium wirkt auf das Wasserelement, Brom verdichtet, rundet ab und beruhigt.

Dieses Kapitel zeigt, dass Astrologie ein kreativer allgemeiner Rahmen ist, der auch außerhalb der medizinischen Astrologie auf überraschende Weise genutzt werden kann. Die Astrologie macht sichtbar, was im Wesentlichen geschieht. Diese Prozesse im Hintergrund nehmen eine bestimmte Form auf der Erde an, bekleiden sich spezifisch. Diese Form des Wissens schließt wissenschaftliche Fakten und Bilder nicht aus, sondern erhebt sich darüber und versteht die Welt von einer viel breiteren Perspektive aus. Dies ist eine viel bessere Methode, Wissenschaft und Astrologie miteinander zu verbinden als Statistiken über Astrologie einfach auf die Menschheit loszulassen, was niemals zu wirklich aussagekräftigen Ergebnissen führen kann.

Die Deutung des Dekumbitur-Horoskops

In der medizinisch-astrologischen Praxis werden in unserer Zeit vor allem Stundenhoroskope benutzt, Horoskope, die für die Zeit und den Ort erstellt werden, an dem einem Astrologen die Frage nach einer Krankheit gestellt wird. Dies ist bei Weitem das beste Instrument für den medizinischen Astrologen, da ein Stundenhoroskop ganz spezifisch mit dem Zustand des Körpers und des Geistes in Verbindung steht, wie er zu diesem Zeitpunkt gerade ist. Wie bei der Beantwortung allgemeinerer nicht-medizinischer Fragen ergibt das Stundenhoroskop das klarste Bild der Situation und die zuverlässigste Vorhersage. In meinem Buch KLASSISCHE MEDIZINISCHE ASTROLOGIE – HEILEN MIT DEN ELEMENTEN spielt das Stundenhoroskop deswegen auch die Hauptrolle.

Das Geburtshoroskop kann auch aus medizinischer Sicht nützlich sein, weil es die angeborenen konstitutionellen Schwächen aufzeigt. Darauf kann sich ein präventiver Rat in Form einer allgemeinen Ernährungsberatung, des richtigen Edelsteins, der Schwachstellen stärkt, und von Aktivitäten, die mehr Balance bringen, stützen. Für jemanden mit einer sehr trockenen, schwarzgalligen Konstitution zum Beispiel können mehr Früchte, Salat und Huhn und kreative Aktivitäten ein besseres Gleichgewicht bringen. Auch das Tragen eines Lapislazuli mit vielen antimelancholischen Jupiter-Kräften kann die Konstitution harmonisieren und die Wahrscheinlichkeit verringern, dass alle Arten von Beschwerden auftreten. Dies kann sehr wertvoll sein und kann auch die Entwicklung von schweren chronischen Krankheiten verhindern, die in einigen Horoskopen deutlich angegeben sind.

Aber als ein Werkzeug für die Diagnose ist das Geburtshoroskop ungeeignet, weil es nicht zeigt, was genau das Problem in dem

Moment ist, in dem der Patient sich meldet. Menschen haben normalerweise verschiedene Beschwerden in ihrem Leben, hauptsächlich abhängig von ihrem Alter, und das Radixhoroskop zeigt nicht klar, welche Krankheit in diesem Augenblick aktiv ist. Das macht sofort klar, dass es keine ausgereifte, radixorientierte, medizinische Astrologie gibt, egal, wie laut sie heute von modernen Astrologen ausgerufen wird. Vieles von dem, was als moderne medizinische Astrologie bekannt ist, ist einfach Homöopathie oder Naturheilkunde, kombiniert mit Transiten und/oder Aspekten im Radixhoroskop. Dies kann auch zu einer effektiven Behandlung führen, aber es ist keine medizinische Astrologie, die systematisch auf dem Horoskop basiert.

Ein medizinischer Astrologe verwendet daher die medizinische Stundenastrologie, um eine zuverlässige Diagnose zu stellen, und das Geburtshoroskop zur präventiven Beratung. Das führt zu weiteren Fragen, denn wenn man die klassischen medizinisch-astrologischen Texte liest, geht es oft nicht um die medizinische Analyse von Stundenhoroskopen und selten um das Geburtshoroskop. In den meisten Fällen ist das sogenannte *Dekumbitur* das Thema und die Frage ist, was das für den klassischen Astrologen in dieser Zeit bedeutet. Das Dekumbitur ist das Horoskop des Augenblicks, in dem der Patient, der von der Krankheit betroffen ist, sich hinlegen muss (lat. *decumbere*, bedeutet »hinliegen«), es also ist ein Ereignishoroskop, ein Horoskop vom »Anfang der Krankheit«.

Der erste und wichtigste Punkt ist, dass diese Methoden zur Analyse und Diagnose des Dekumbiturs nicht einfach wie ein Stundenhoroskop angewendet werden können. Das Dekumbitur unterscheidet sich stark von den Methoden der Stundenhoroskopie: *Das Dekumbitur ist ein Ereignishoroskop und das Stundenhoroskop ist ein Fragehoroskop!* Dieser Unterschied muss deutlich betont werden, denn sonst laufen die Dinge schief. Dies umso mehr, als viele Autoren in der Vergangenheit und auch in unserer Zeit die Unterscheidung gewöhnlich nicht klar genug machen und eine unauflösbare Mischung von Methoden verwenden.

Obwohl die Methoden des Dekumbiturs nicht einfach auf ein

Stundenhoroskop übertragen werden können, lassen sich bestimmte Teile der Methode integrieren, insbesondere die anatomische Analyse und die Krankheitsbeschreibungen je Planet. Wie immer muss in den alten Texten die Spreu vom Weizen getrennt werden und deshalb sollte man sie immer kritisch lesen. Der zweite Punkt ist, dass ein Dekumbitur die Möglichkeit bietet, die Behandlung während des Krankheitsverlaufs anzupassen, was das Stundenhoroskop wiederum nicht anbieten kann. Zu diesem Zweck wurde früher die sogenannte 16-Häuser-Figur (oder manchmal 8-Häuser) verwendet – eine Methode, die sich als wertvoll erweisen könnte, weshalb diese Methode in diesem Kapitel beschrieben wird.

Der dritte Punkt von Interesse ist rein praktischer Natur. Das Dekumbitur wird für den Moment des Ausbruchs der Krankheit erstellt, es ist ein gewöhnliches Horoskop vom »Beginn der Krankheit«, wie alle Horoskope, die für einen »Geburts«-Moment berechnet werden. Aber fast kein Klient, der wegen einer medizinischen Frage anruft, hat diesen Moment bemerkt! Früher wussten die Leute, dass es wichtig sein könnte, und so schrieben sie es auf, weil sie wussten, dass der Arzt-Astrologe danach fragen würde. Darum stammen auch die Beispiele in diesem Artikel alle aus der alten Literatur. Ich habe ein paar gute Beispiele aus der Literatur genommen, weil ja heutzutage kaum jemand das Dekumbitur benutzt!

Als letzten Punkt müssen wir noch eine andere Art von medizinischem Horoskop diskutieren, das man regelmäßig in den alten Büchern findet. Dies ist das sogenannte »Urin-bring-Horoskop«, das für den Moment berechnet wird, an dem ein Verwandter oder ein Bediensteter des Patienten dessen Urin an den Arzt-Astrologen übergibt. Die Untersuchung der Farbe des Urins, die Uroskopie, war eine Hilfe bei der Diagnose, roter Urin konnte z. B. ein Hinweis darauf sein, dass gelbe Galle die Ursache der Krankheit war. Das Horoskop, das auf den Moment erstellt wird, in dem der Urin gebracht wird, ist in der Tat ein echtes Fragehoroskop, also ein Stundenhoroskop, bei dem der Patienten als Herr von 1 genommen wird. Der Überbringer des Urins ist nicht mehr als ein Bote und so muss das Horoskop auch nicht gedreht werden.

Im Folgenden wird also die Methode des Dekumbiturs erläutert mit dem Hauptziel, mehr Klarheit über die alten Texte zu schaffen. Hauptpunkt bleibt: Es ist aber zu beachten, dass die Dekumbiturtechnik nicht für die Analyse von medizinischen Stundenhoroskopen geeignet ist. Parallel dazu besteht die Möglichkeit, die 16-Häuser-Technik bei der Behandlung zu verwenden, was am Ende dieses Kapitels erläutert wird. Dennoch sind bestimmt Teile der Dekumbiturmethode auch in der stundenastrologischen Analyse anwendbar. Wenn dies der Fall ist, wird es im Text erwähnt.

Dekumbitur

Als Leitfaden dient das Buch ASTROLOGICAL JUDGEMENT OD DISEASES FROM THE DECUMBITURE OF THE SICK von 1655 aus der Feder des berühmten Nicholas Culpeper. Seiner Methode zur Analyse des Dekumbiturs werden wir folgen, eine Reihe von Beispielen diskutieren und die Verwendung der 16-Häuser-Figur erläutern. Das Dekumbitur wird gewöhnlich für den Moment berechnet, in dem eine Krankheit den Patienten übermannt, aber auch bestimmte Krisensituationen werden als Zeit für die Berechnung herangezogen, was manchmal nützlich sein kann.

Zunächst wird die Diagnosemethode erläutert, die deutlich von der Methode des Stundenhoroskops abweicht. Das Erste, was Sie an der Dekumbiturtechnik bemerken, ist, dass das sechste Haus und der Herr von 6 eine Rolle bei der Analyse des Horoskops spielen. Im Stundenhoroskop ist dies nicht der Fall und das hat damit zu tun, dass das Dekumbitur ein Ereignishoroskop ist – es ist nur ein Moment – und sagt auch etwas über den Verlauf.

Eine stundenastrologische Frage ist bereits zugespitzt auf die Krankheit, es ist die Frage über die Krankheit, aber ein Ereignis ist es nicht. Im Dekumbitur betrachten wir den Herrn von 6 und Planeten im sechsten Haus als mögliche Ursachen der Krankheit. Darüber hinaus sind schlechte Aspekte auf die Sonne (den Lebensgeist) oder das »Pneuma« auf den Mond als allgemeiner Indikator für die körperlichen Prozesse und auf den Herrn von 1 und den Aszendenten als den Kranken selbst es wert, genau betrachtet zu werden.

Aus den verschiedenen Fällen, die in Culpepers Buch besprochen wurden, merkt man auch sofort, dass die Art der Symptome eine Hauptrolle bei der Bestimmung der Ursache der Krankheit spielt. Bemerkenswert ist, dass das medizinische Stundenhoroskop wesentlich genauer und methodischer analysiert wird als das von Culpeper beschriebene Dekumbitur. Von der beschriebenen Methode wird auch regelmäßig ohne Erklärung abgewichen. Das kommt in der alten astrologischen Literatur oft vor. Es ist einer der Gründe, warum man nicht einfach Dinge aus den alten Texten kopieren kann, sie sind nicht als methodisches Handbuch gedacht, viel eher als Illustration aus der Praxis.

Ein erstes Beispiel aus Culpepers Buch kann einiges veranschaulichen. Es ist eine »bestimmte Person«, die während einer Reise von Fieber, Brustfellentzündung und Hustenanfällen heimgesucht wurde. Culpeper stellt fest, dass es sich um eine cholerische Krankheit handelt, eine Feuerkrankheit, weil Mars im Widder einen Aspekt mit Merkur, dem Herrn von 1, bildet und mit dem Mond an der Spitze des 6. Hauses, außerdem mit der Sonne und mit Jupiter, der aufgrund der engen Konjunktion mit dem Herrn von 1 eindeutig in das Geschehen involviert ist. Der feurige Mars als Ursache erklärt das Fieber und Jupiter als allgemeiner Signifikator der Lungen in Konjunktion mit dem Herrscher des 1. Hauses zeigt in Richtung einer Lungenentzündung.

Der Orbis, den Culpeper benutzt, ist manchmal sehr groß, 18 Grad werden immer noch als innerhalb des Orbis gesehen! Er stellt dann fest, dass der Mond in Konjunktion mit Saturn, dem Herrn von Haus 6, im 6. Haus steht. Das würde zeigen, dass die Krankheit durch Erschöpfung verursacht wurde, aber ein Orbis von 18 Grad ist sehr weit! Außerdem muss der Aspekt noch zustande kommen, also scheint das ein bisschen weit hergeholt, wenn auch nicht falsch. Saturn ist wohl als Herr von 6 in Haus 6 zusammen mit Mars als Herr von 9, der Reise, die Ursache der Krankheit und weil Saturn

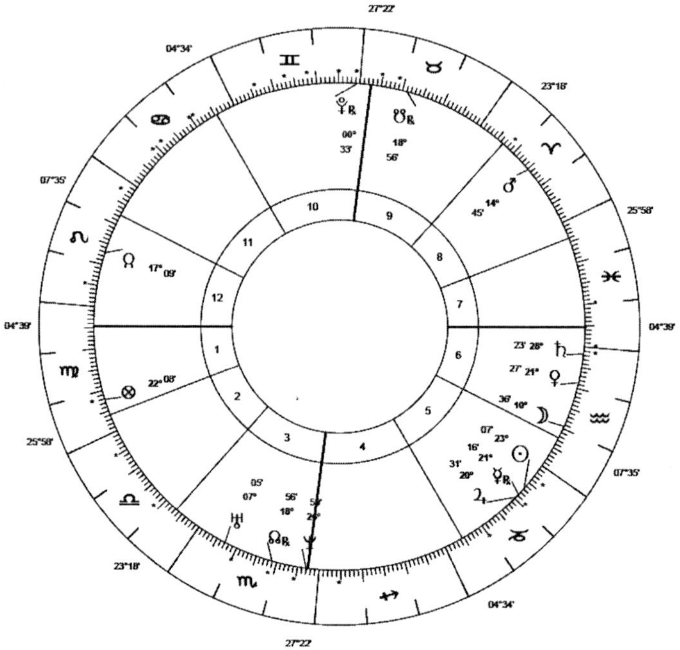

Abb. 4: Dekumbitur Lungenproblem, 12.01.1641, 20:10, Paris

im eigenen Zeichen stärker ist als der Herr von 1, wird die Krankheit heftig sein. Culpeper gibt keine klare Diagnose in Bezug auf eine Störung der Elemente, sondern erwähnt nur Mars und Saturn als Ursache und beschreibt nicht, ob und wie er behandelt hat.

Die Krankheit wird länger dauern, weil das Zeichen Wassermann, in dem Saturn steht und das sich auch an der Spitze des 6. Hauses befindet, ein festes Zeichen ist (nicht in einem Stundenhoroskop übernehmen). Er stellt dann fest, dass für den Herrn von 1 die Situation bedrohlich ist, weil er verbrannt ist und daher sehr geschwächt (geht auch im Stundenhoroskop). Die Gründe, warum er dann vorhersagt, dass diese »bestimmte Person« überleben wird, ist, dass sowohl Saturn als auch Mars eine große Würde haben (nur im Radix übernehmen) also nicht stark schaden, dass es eine starke positive Rezeption gibt zwischen der Sonne und dem Mars, was meint, dass der Mars dem Leben (der Sonne), nicht den »Kopf abhackt« (das geht auch in Stundenhoroskopen), dass die Venus als Wohltäter im Haus 6 die Krankheit lindert und dass weder Saturn noch Mars einen Aspekt auf den Aszendenten werfen.

Er sagt auch, dass die Konjunktion des Herrn von 1 mit der Sonne als dem Herrn von 12 zeigt, dass der Mann die Krankheit selbst verursacht hat (kann in Stundenhoroskopen übernommen werden), hätte er besser aufgepasst, wäre es nicht passiert. Eine Reihe anderer Dinge, die er erwähnt, untergraben das Vertrauen in die konsequente Anwendung der Methode. Er sagt, dass der Mond eine Konjunktion mit einem Wohltäter (Venus) macht, aber das ist nicht wahr, der erste Aspekt des Mondes ist mit Mars, einer der Ursachen der Krankheit. Schließlich berichtet Culpeper, dass der Mann bald wieder reisen wird, weil Mars, zu dem der Mond eine Konjunktion macht, der Herr von 9 ist, was durch den folgenden Aspekt des Mondes mit Venus bestätigt würde, die als Herr von 3 auf Bewegung hinweist! Nicht wirklich klar.

Typisch genug, dass dieser Text, den Sie mit vielen Erwartungen gelesen haben, Sie mit einem Kater hinterlassen wird. Was ist hier los? Es gibt klare Belege auf eine Methode, aber diese wird nicht konsequent angewandt, und es gibt keine Hinweise auf eine Behandlung. Auch der Grund, dass der Mann überleben wird, wurde nicht deutlich erklärt, obwohl Culpeper sagt, dass er sofort sah, dass es nicht tödlich wäre. Merkur als Herrscher von 1 ist rückläufig und verbrannt und kommt direkt in Konjunktion mit Jupiter als Herrn von 8, dem Haus des Todes. Jupiter steht hier im Fall und ist deshalb als ein Übeltäter anzusehen. Das sieht doch sehr schlecht aus. Es gibt sicher eine Reihe von positiven Anzeichen für das Überleben, aber es scheint, dass Culpeper uns hier zu einem ihm schon bekannten Ergebnis führt.

Die »16- Häuser«-Methode

Man sollte gut vorbereitet sein, wenn man sich mit alten Texten befasst, diese kritisch lesen und Nützliches von Unwichtigem trennen. Ein besonderes Beispiel ist die Methode der 16-Häuser-Figur, die auf Deutsch auch in dem Buch DER KRANKHEITSVERLAUF IM HOROSKOP (2009) enthalten ist. Aber zuerst wollen wir der Diagnose von Culpeper folgen. Es handelt sich um einen Mönch, der an malariaartigem Fieber gelitten hat, einem »doppelten« Dreitage-Fieber. Diese Art von immer wiederkehrendem Fieber ist in der Tat ein typisches Bild, das aus einer Infektion mit dem Malaria-Parasiten entstehen kann, eine Krankheit, die zu dieser Zeit in Europa noch weit verbreitet war. Wieder werden wir die Analyse von Culpeper kritisch verfolgen und dann den Krankheitsverlauf anhand der 16 Häuser besprechen.

Zuerst stellt Culpeper fest, dass die Krankheit kurz verlaufen wird, weil der Aszendent im kardinalen Zeichen Steinbock steht, und da der Herr von 1, Saturn, sich schnell bewegt und viel Würde in seinem eigenen Zeichen hat. Venus und Jupiter stehen als Wohltäter im ersten Haus des Körpers und der Mond bildet eine Konjunktion auf beide Wohltäter, nachdem er die Zeichengrenze überschritten hat. Das ist ziemlich konsequent, es gibt deutliche Hinweise auf einen schnellen, guten Ablauf. Die Diagnose ist jedoch unverständlich, denn Merkur im Steinbock steht als Herr von 6 auf dem Aszendenten, nach allen Regeln der Kunst, die auch von Culpeper genannt werden, sollte dies die Ursache der Krankheit sein.

Aber nein, Culpeper nennt Mars in den Fischen als die Ursache, weil dieses Quadrat gegen die Sonne, den Lebensgeist, geht. Ist dies der Grund dafür, dass dieser heiße, trockene Planet in einem beweglichen kalten und feuchten Zeichen so gut zu dem Wechselfieber, einem Sumpffieber, passt? Wahrscheinlich ja. Wieder ein Kater, denn sehr methodisch ist das nicht. Es scheint zu stark zu sein, um die Beobachtung der Symptome zu geben, ein Planet, der passt,

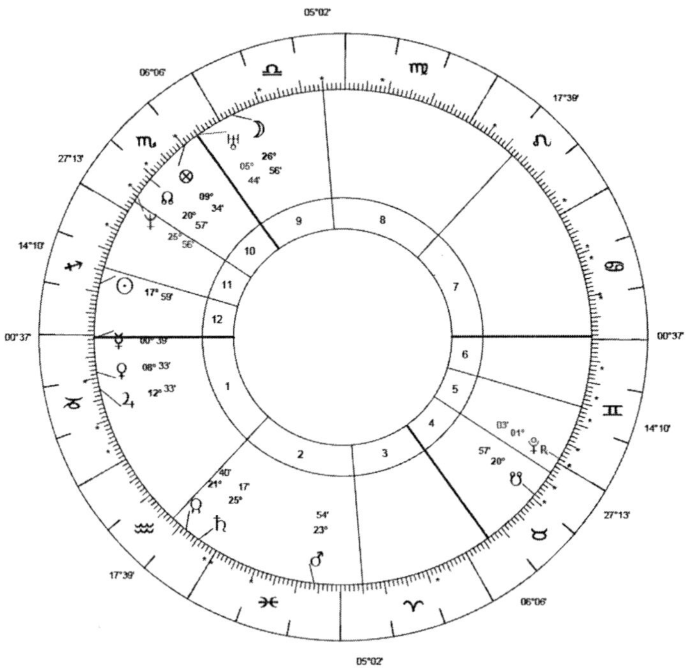

Abb. 5: Dekumbitur Mönch, 9.12.1640, 9:00:41 LMT, London

wird schnell als Ursache angesehen, aber einer konsequenten astrologische Methode wird nicht gefolgt. Es muss aber gesagt werden: Mars in einem beweglichen Zeichen passt besser zu einem Wechselfieber als der so kalte und trockene Merkur im Steinbock.

Das Mond-Folge-System und der Krankheitsverlauf

Kann man aus seiner Beschreibung der berühmten 16-Häuser-Figur etwas mehr lernen? Diese Figur ist eine Technik, die benutzt wird, um das Fortschreiten der Krankheit zu überwachen und die Behandlung darauf zu verfeinern. Die 16-Häuser-Figur besteht nicht aus Häusern und dies ist daher ein etwas verwirrender Begriff, daher schlage ich vor, dass wir diese Figur, das *Mond-Folge-System*

(MFS), nennen, da es sich um die Aspekte des Mondes handelt, die die Entwicklung der Krankheit anzeigen.

Ausgehend vom Dekumbitur werden 16 Hilfshoroskope auf der Grundlage der Mondaspekte konstruiert. Die wichtigsten Hilfshoroskope sind jene des Augenblicks, in dem der Mond das erste Quadrat zu seiner Position im Dekumbitur eingeht, dann das von der Opposition und schließlich das Hilfshoroskop des zweiten Quadrats. Hilfshoroskope werden auch für die Positionen des Mondes zwischen zwei Quadraten und auch die des Mondes zwischen den Halbquadraten berechnet. Auf diese Weise erhalten Sie das Schema in Abbildung 6.

Das erste Urteilshoroskop (das erste Halbquadrat – MFS 2) wird traditionell so genannt, weil sich die Krankheit in diesem Moment wirklich so darstellt, wie sie ist, und es kann beurteilt werden, wie es weitergeht.

Die acht Zwischenhoroskope (*intercidentals*) werden so genannt, weil sie zwischen den Urteilshoroskopen und den kritischen Horoskopen liegen und traditionell als eine Zeit der Pause gesehen werden, vorübergehend verringern sich die Symptome, dem Körper wird ermöglicht, Kräfte für die Krise zu sammeln, die mit den Quadraten und der Opposition einhergeht. Wenn die Symptome der Krankheit zum Zeitpunkt des Zwischenhoroskops nicht nachlassen, weiß man, dass eine sehr schwere Krise zu erwarten ist. Die Horoskope der Opposition und der beiden Quadrate geben das Grundmuster, die andere Horoskope zeigen eine Verfeinerung des Grundmusters. Der allgemeine Krankheitsrhythmus sieht daher folgendermaßen aus:

1. sich hinlegen
2. MFS 1 Pause (nach ca. 2 Tagen, etwas weniger)
3. MFS 2 Erkrankung zeigt sich (nach ca. 4 Tagen)
4. MFS 3 Pause, Vorbereitung auf die Krise (nach ca. 6 Tagen)
5. MFS 4 Krise und Wende, eine Woche nach dem Beginn
6. MFS 5 wieder Pause l, der Rhythmus 1 bis 5 wiederholt sich

Grad	Nr.	Bezeichnung	MFS	Verlauf
22,30°	1/16	1. Zwischenhoroskop (intercidental)	MFS 1	Symptome nehmen vorübergehend ab
45°	2/16	1. Urteilshoroskop (judicial)	MFS 2	Krankheit zeigt sich deutlich
67,30°	3/16	2. Zwischenhoroskop (intercidental)	MFS 3	wieder Pause
90°	4/16	1. Krisenhoroskop (critical) – Mond Quadrat Decumbitur	MFS 4	große Wende
112,30°	5/16	3. Zwischenhoroskop (intercidental)	MFS 5	Symptome nehmen vorübergehend ab
135°	6/16	2. Urteilshoroskop (judicial)	MFS 6	Krankheit zeigt sich deutlich
157,30°	7/16	4. Zwischenhoroskop (intercidental)	MFS 7	wieder Pause
180°	8/16	2. Krisenhoroskop (critical) – Mond Opposition Decumbitur	MFS 8	große Wende
202,30°	9/16	5. Zwischenhoroskop (intercidental)	MFS 9	Symptome nehmen vorübergehend ab
225°	10/16	3. Urteilshoroskop (judicial)	MFS 10	Krankheit zeigt sich deutlich
247,30°	11/16	6. Zwischenhoroskop (intercidental)	MFS 11	wieder Pause
270°	12/16	3. Krisenhoroskop (critical) – Mond Quadrat Decumbitur	MFS 12	große Wende

292,30°	13/16	7. Zwischenhoroskop (intercidental)	MFS 13	Symptome nehmen vorübergehend ab
305,30°	14/16	4. Urteilshoroskop (judicial)	MFS 14	Krankheit zeigt sich deutlich
327,30°	15/16	8. Zwischenhoroskop (intercidental)	MFS 15	wieder Pause
360°	16/16	Mond zurück zur Konjunktion im Decumbitur	MFS 16	große Wende

Abbildung 6: Das Mond-Folge-System

Das geht so weiter, bis die Krankheit vorbei ist, was deutlich durch ein sehr positives MFS-Horoskop angezeigt werden muss. Wenn nach einem Monat keine Heilung stattfindet, wird die Krankheit chronisch statt akut genannt und die Sonne wird in der gleichen Weise wie der Mond in der MFS verfolgt, sodass man ein Sonnen-Folge-System bekommt, ein SFS.

In diesem Fall findet das erste Quadrat nicht nach einer Woche statt, sondern erst nach drei Monaten. Im Gegensatz zu heute ist es klar, dass die medizinischen Astrologen jener Zeit hauptsächlich mit akuten Krankheiten zu tun hatten, aber in einer sehr kleinen Anzahl von Fällen entwickelt sich eine akute Krankheit zu einer chronischen (man sagt in einem von 100 Fällen). Natürlich spielt auch der soziale Kontext eine sehr wichtige Rolle, denn es gab keine Hausärzte, die die meisten akuten Fälle mit Antibiotika in den Griff bekamen. Heutzutage jedoch wird ein medizinischer Astrologe kaum mehr einen akuten Fall bekommen, das Verhältnis von akut-chronisch ist heutzutage umgekehrt.

Abbildung 6 zeigt das komplette Mond-Folge-System (MFS), das zustande kommt, indem man den Mond jedes Mal um 22.30 Grad weiterbewegt und ein Horoskop für diesen Moment erstellt. Abhängig von der exakten Geschwindigkeit des Mondes erstellen Sie jeweils nach 1 ¾ Tagen ein Horoskop. Dieses Horoskop zeigt an, was mit der kranken Person in dem Zeitraum von fast zwei Tagen geschehen wird, der auf den Zeitpunkt folgt, auf den das Horoskop berechnet wird. Damit schaut man hauptsächlich auf den Mond, aber auch auf andere markante Positionen. In den abgeleiteten Horoskopen haben die Planeten sowohl die Bedeutung als Herr des Hauses aus dem Dekumbitur, als auch die des Hausherrn des Hilfshoroskops, das man untersucht. Das ist genauso wie in einem Solar, in dem sowohl der Herr von 6 aus dem Radixhoroskop als auch der Solarherr 6 die Bedeutung von Krankheit tragen kann.

Die Zwischenhoroskope haben die kleinste Reichweite von etwas weniger als zwei Tagen, die Beurteilungshoroskope (*judicial*) nehmen eine Zeit von fast vier Tagen ein und das kritische (*critical*) fast eine Woche. Es handelt sich also um eine zunehmend verfeinerte Perspektive, jedes Horoskop wird daher auch im Horoskopkontext einer höheren Zeitskala bewertet. Im Falle einer chronischen Krankheit nehmen Sie anstelle des Mondes die Sonne, was Ihnen natürlich eine viel größere Zeitskala gibt (ein kritisches Horoskop umfasst beispielsweise drei Monate), aber es bleibt genau die gleiche Technik. Im Prinzip gibt jedes Horoskop vom Mond-Folge-System oder vom Sonnen-Folge-System einen Zeitpunkt an, zu dem die Krankheit eine gewisse beschleunigte Entwicklung zeigt, im Guten wie im Schlechten.

Was können Sie jetzt damit tun? Wenn Sie Ihre Diagnose auf der Basis des Dekumbitur erstellt haben, können Sie sehen, wann das Problem am schlimmsten sein wird und wann die Besserung beginnt. Das ist wichtig, weil der traditionelle medizinische Astrologe sich »mit der Natur« bewegte. Wenn die Genesung in den MFS- oder SFS-Hilfshoroskopen angekündigt wurde, gab er das stärkste Medikament, wenn das MFS oder SFS zeigte, dass die Krankheit gerade am schlimmsten war, beschränkte er sich auf eine Milderung der Symptome. Wenn das MFS extreme Trockenheit vorhersagt, können Sie in diesen Tagen feuchte Mittel verwenden.

Es zeigt auch, dass eine Krankheit einem festgelegten Zeitplan folgt, etwa alle zwei Tage gibt es eine kleinere Veränderung, alle vier Tage eine etwas größere und jede Woche eine sehr große

Veränderung. Bei chronischen Erkrankungen verwenden Sie das Sonnen- Folge-System und diese Zeiten sind natürlich viel länger. Es sei darauf hingewiesen, dass der englische Ausdruck *critical* keine negative Bedeutung hat, sondern im Sinne von »entscheidend« als eine Art Moment der großen Veränderung im Verlauf der Krankheit verstanden wird, die somit auf ein Quadrat oder eine Opposition des Mondes oder der Sonne hinweist.

Wir wollen mal schauen, wie Culpeper das in seinem Buch im Fall des Mönchs mit dem malariaartigen »Dreitagesfieber« handhabte. Aufgrund des Dekumbiturs stellte Culpeper bereits fest, dass Mars in den Fischen die Ursache war, dass er angesichts der positiven Hinweise, insbesondere der Wohltäter im ersten Haus, nicht sterben würde und dass es nur eine kurze Zeit dauern würde.

Das Mond-Folge-System in der Praxis

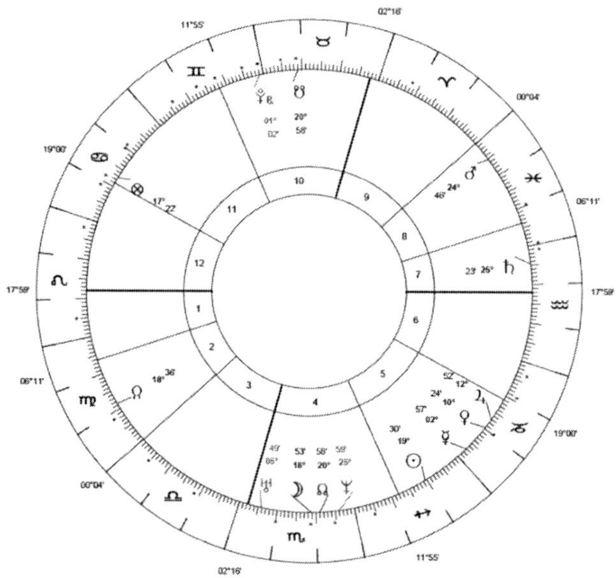

Abb. 7: MFS-1 (Fieberanfall), 10.12.1640, 20:40 LMT, London

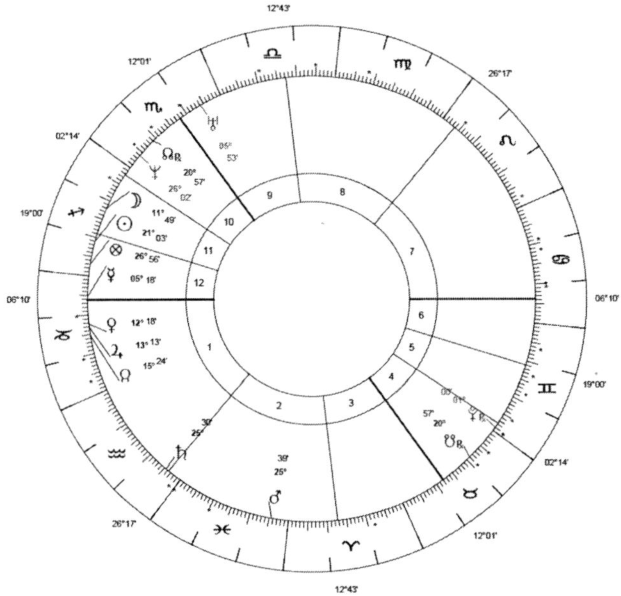

Abb. 8: MFS-2 (schwerer Fieberanfall), 12.12.1640, 9:12 LMT

Culpeper beschreibt detailliert, wie sich die Krankheit entwickelt, und mit dem MFS kann dies genau verfolgt werden. Das 1/16-Horoskop (Abb.7), als der Mond 22.30° zurückgelegt hat, sieht nicht so gut aus. Es fällt auf den 10. Dezember, den Tag nach dem Ausbrechen der Krankheit, einen Tag nach dem »decumbere«. Dies ist also das erste MFS, das Zwischenhoroskop, und es hat einen Mond, der auf die beiden Übeltätern Mars und Saturn trifft, was kein gutes Zeichen ist. Allerdings mildert sich dies durch die Position des Mondes in Konjunktion mit dem starken Nordknoten und die Tatsache, dass Saturn und Mars viel Würde haben und dadurch weniger schaden, ab. Da Mars die feurige Ursache der Krankheit ist, sollte man jetzt zusätzlich kühlen und befeuchten. Culpeper berichtet tatsächlich, dass der Mönch an diesem Tag einen Anfall hatte. Dass es zu der Zeit des MFS-1 keine Verringerung der Symptome gab, ist kein gutes Zeichen.

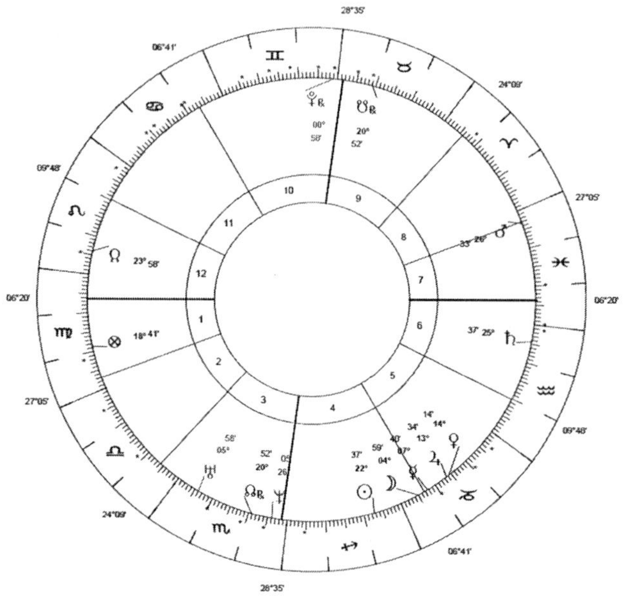

Abb. 9: MFS-3 (Pause), 13.12.1640, 22:13 LMT, London

Der nächste Punkt für ein Nachschauen liegt 45° weiter, dies ergibt das 2/16 Horoskop (Abb. 8) und das sieht sofort noch viel bedrohlicher aus, es ist das MFS-2, das Halbquadrat. Der Mond verliert sein Licht und appliziert sich auf die Sonne, die im Dekumbitur Herr von 8 ist und im 12. Haus steht. Merkur, der Herr von 6, also der Krankheit, im 2/16 Horoskop (oder MFS-2) und im Dekumbitur, wiederholt seine Dekumbiturposition auf dem Aszendenten. Dies sind zwei ziemlich miserable Positionen, aber nicht fatal. Saturn, der Herr von 1, ist stark und die Wohltäter Venus und Jupiter befinden sich im ersten Haus mit dem Mond, der sich auf die Antiszien der Wohltäter appliziert. Tatsächlich berichtet Culpeper von einem schlimmeren Anfall am dritten Tag als am zweiten Tag.

Das 3/16 Horoskop MFS-3 (Abb. 9) mit dem Mond aus seiner Dekumbiturposition um 67,30° nach vorn geschoben, sieht wieder

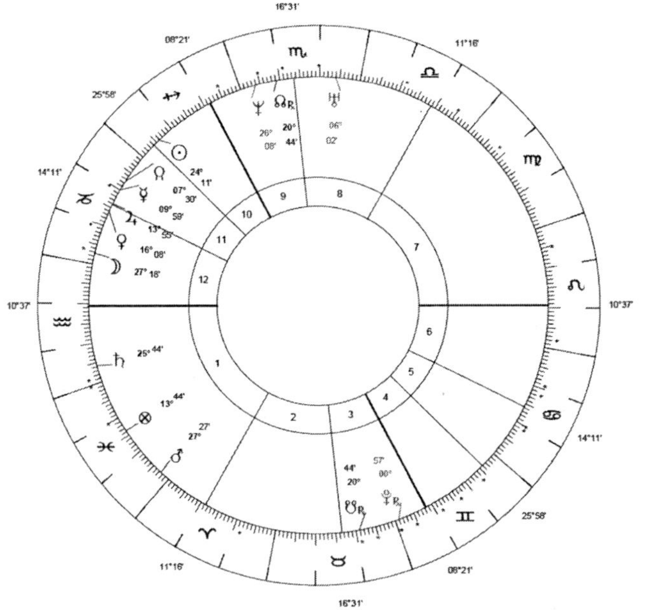

Abb. 10: MFS-4 (Krise und Wendung), 15.12.1640, 10:48 LMT, London

ein wenig freundlicher aus. Der Mond nimmt wieder an Licht zu und geht in Konjunktion mit Merkur, dem Herrn von 6 des Dekumbitur, aber danach macht er eine Konjunktion mit Venus und Jupiter, sicherlich keine Verbesserung, aber es wird auch nicht schlechter.

Das 4/16 Horoskop (Abb. 10), das Quadrat, mit dem man den Mond nochmals 22,30° weiterbewegt, ist ein sehr wichtiger Moment der Veränderung, und es zeigt, dass eine ernsthafte Krise kommt. Der Mond, Herr von 6 im MFS-4-Horoskop, steht genau im Sextil mit Mars, der die Ursache der Krankheit ist im zwölften Haus. In der Tat berichtet Culpeper von einer sehr schweren Krise, aber er wird nicht sterben, weil das Dekumbitur ja zeigte, dass die Krankheit kurz sein würde und dass er überleben würde.

Das bedeutet, dass diese Krise die Wende sein könnte. Wenn das

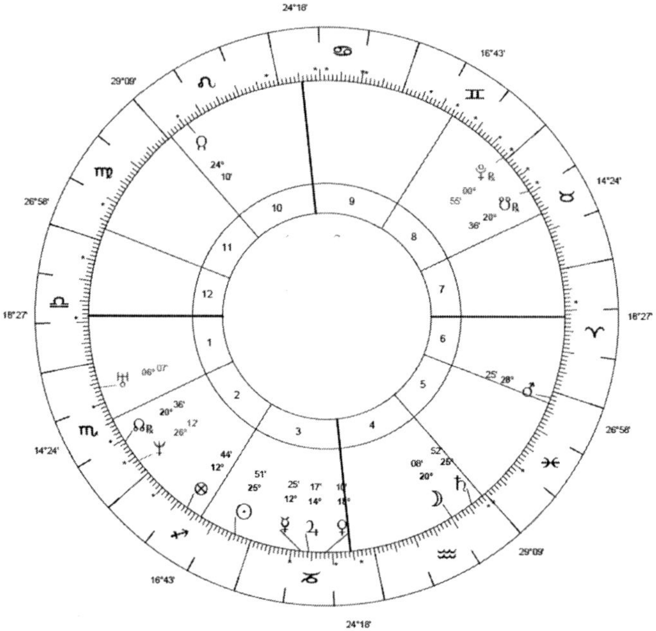

Abbildung 11: MFS-5 (keine Erholung), 17.12.1640, 2:00 LMT, London

MFS eine positive Entwicklung anzeigt, könnte dies Heilung bedeuten. Die kommt noch nicht mit dem 5/16 Horoskop (Abb. 11), wo der Mond auf die Konjunktion mit Saturn appliziert Sextil Sonne Dekumbiturherscher 8, sondern unter dem folgenden 6/16 Horoskop (MFS-6), in dem der Mond auf ein Sextil zuläuft mit Venus, Jupiter und Merkur (Abb.12).

Im Obigen wurde die Interpretation von Culpeper befolgt, obwohl einige Fragen auftauchen, z.B. wie wohltätig ist Jupiter in seinem Fall im Steinbock? Es ist klar, dass der Kontext für Culpeper entscheidend ist und dass die MFS-Horoskope innerhalb des strengen Rahmens des Dekumbiturs interpretiert werden müssen! Wenn das Dekumbitur anzeigt, dass jemand überleben wird, kann ein MFS-Horoskop nicht töten und umgekehrt. Das Mond-Folge-

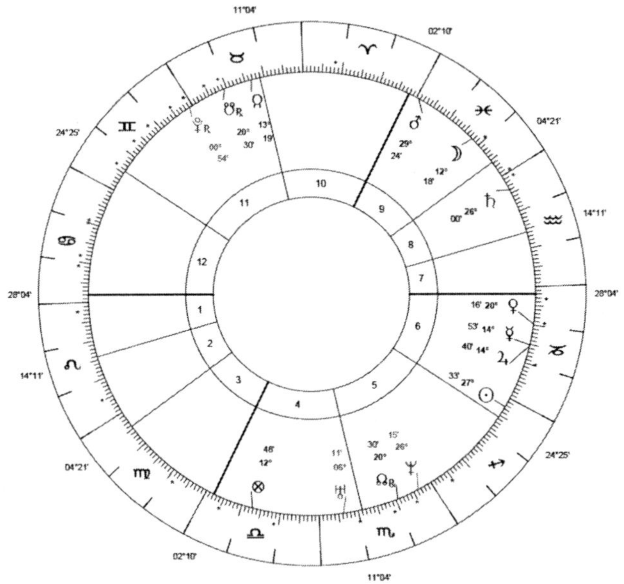

Abb. 12: MFS-6 (Genesung), 18.12.1640, 18:30:40 LMT, London

System ist daher einfach ein System für das Timing und alles hängt vom Dekumbitur selbst ab. Es ist auch klar, dass die Interpretation der MFS-Horoskope einigermaßen konsequent ist, es ist sehr einfach, dem Fortschritt des Mondes zu folgen.

Oft wurde während der Diagnose mit dem Dekumbitur ein Schema verwandt, das in vielen Texten wiederholt wird und das auf der Position des Mondes im Zeichen und dem letzten Aspekt, den der Mond gemacht hat, basiert. In diesem Dekumbitur führt das zur nächsten Diagnose (die bei Culpeper nicht erwähnt wird): ein Übermaß des Elementes Luft (Mond in der Waage), das zu hohem Fieber führt, einem hohen Puls, Entzündungen im ganzen Körper, großer Hitze und Stein und Sand in den Nieren aufgrund einer übermäßigen Diät (Mond separiert sich vom Feuerplaneten Sonne im Feuerzeichen Schütze).

Der Aderlass ist eine gute akute Maßnahme gegen den Blutüberschuss, ebenso wie andere kühlende Maßnahmen. In diesem

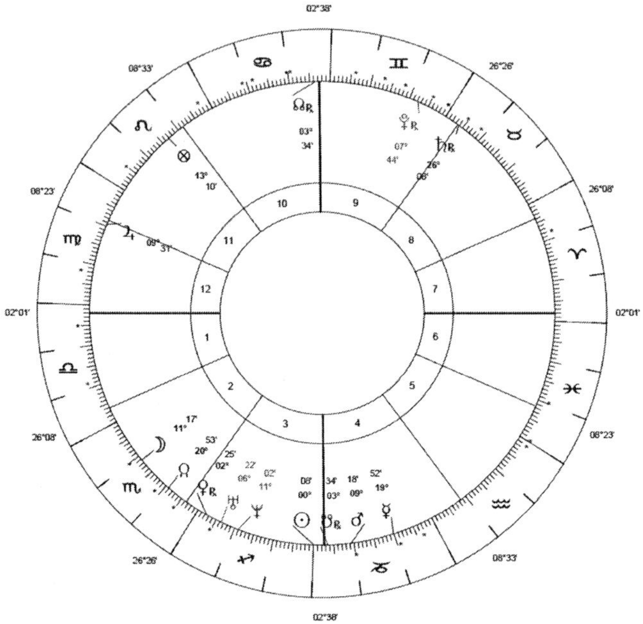

Abbildung 13: Pocken, 22.12.1647, 00:10 LMT, London

Schema, das Culpeper selbst in sein Buch aufnimmt, ist das Fieber das zentrale Problem, und es wird gesagt, dass die Kranken nur geheilt werden, wenn die Wohltäter so wie hier hilfreich sind. Das scheint einigermaßen gut zu funktionieren, obwohl Culpeper dies in seiner Diagnose nicht erwähnt. Auch in Stundenhoroskopen wird der letzte Aspekt des Mondes als zusätzliche Information mitgenommen, obwohl dieses Schema nicht genau in der oben erwähnten Weise gebraucht wird.

Als letztes kurzes Beispiel, ein Fall aus Culpepers Buch von einer Frau, die Pocken mit Fieberanfällen und Verstopfung hat (Abb. 13). Mars als Herr von 7 steht sehr auffällig auf dem Südknoten. Das ist der behandelnde Arzt, laut Culpeper ein Quacksalber, der sie fast mit seinen falschen Medikamenten umgebracht hätte. Mars ist auch der Herr von 8, Trigon Herr 6 und Sextil Mond mit der Sonne auf dem IC auf dem extrem hemmenden Südknoten, Quadrat zum

Aszendenten. Das alles sind Anzeichen für einen schlechten Verlauf.

Dennoch läuft es gut, weil der Herr von 1 nicht beschädigt wird und der Mond ein Sextil mit dem Wohltäter Jupiter macht. Culpeper nennt Jupiter als Herrn von 6 als Ursache der Krankheit und es ist ihre eigene Schuld, weil Herr 6 sich in Haus 12 der Selbstzerstörung befindet. Jupiter in Jungfrau (Darm) zeigt die Probleme mit dem Darm an und Fische (Füße) auf Spitze 6 weisen darauf hin, dass nasse Füße bei der Verursachung der Krankheit eine Rolle gespielt hatten. Mars (Fieber) im Steinbock (Knie) erklärt die starke Schwellung und die Schmerzen im Knie, die sie auch hat, also nimmt Culpeper verschiedene Planeten, um die verschiedenen Symptome zu erklären. Das ist etwas, was Sie in einem Stundenhoroskop auch tun können, wenn Sie dabei aber bei einer Grundursache bleiben.

Daraus lässt sich die Schlussfolgerung ziehen, dass aus den Texten über das Dekumbitur mit großer Zurückhaltung etwas gelernt werden kann, dass aber die Stundenhoroskopmethode viel besser, effektiver und systematischer ist. Der einzige große Vorteil der Betrachtung mit dem Dekumbitur ist der MFS oder der SFS, der eine Verfeinerung der Behandlung im Laufe der Zeit ermöglicht. Eine Idee, die getestet werden könnte, indem man die SFS auf der Basis eines medizinischen Stundenhoroskops als »Quasi-Dekumbitur« anwendet, um zu sehen, ob man auch klare Ergebnisse erhält. Aber das ist etwas für die weitere Forschung.

Die MFS-Horoskope, die in diesem Kapitel verwendet werden, unterscheiden sich in einigen weniger wichtigen Punkten zu den von Culpeper gegebenen Horoskopen. Dies hat mit dem Unterschied zwischen der Computerberechnung von heute und der Handberechnung aus dem 17. Jahrhundert zu tun. Die Unterschiede sind jedoch nicht groß und daher für die Interpretation nicht relevant. Da es sich um Dekumbiture und damit Ereignishoroskope handelt, wird das Placidus-System verwendet, Regiomontanus ist nur für Fragehoroskope, die echten Stundenhoroskope.

Fallstudien

Stundenhoroskope

Als medizinischer Astrologe benutzen Sie Stundenhoroskope, wenn Symptome auftreten und der Klient eine Frage dazu stellt. Die Deutungsmethode finden Sie in diesem Kapitel. Dies ist das astrologische Instrument, mit dem Sie eine Diagnose erstellen und dann einen Behandlungsplan überlegen.

Eine chronische Erkältung

Diese Frage wurde von einer Frau gestellt, die seit etwa einem Jahr an einer ständigen Erkältung litt, was oft zu heftigen Schmerzen in den Stirnhöhlen führte. Der psychische Zustand war im Zusammenhang mit einer schweren chronischen Erkrankung der Mutter der Klientin nicht optimal. Sie nahm keine Medikamente, ihre Ernährung war gesund, der Lebensstil war zurückgezogen. Es gab keine reguläre Diagnose. Es gab Symptome, mit denen man leben konnte, aber die Beschwerden waren regelmäßig sehr unangenehm und natürlich ist das längerfristige Ausharren in einer unausgewogenen Situation immer unklug. Die Diagnose war in diesem Fall nicht schwierig. Herr 1 im Horoskop ist der Körper der Klientin und weil der Aszendent im Widder ist, ist dies Mars, dessen Natur heiß und trocken ist.

Dieser heiße und trockene Mars befindet sich im Krebs, einem kalten und feuchten Zeichen, das nicht der Natur des Mars entspricht. Das heißt, die Platzierung des Herrn von 1 in diesem Zeichen zeigt die unausgewogene Situation und darum ist der Herrscher des Krebses, der Mond, die Ursache der Krankheit oder besser noch der Mond ist die Krankheit. Da der Mond im Erdzeichen Jungfrau steht, ist ein Überschuss an kalter und trockener schwarzer

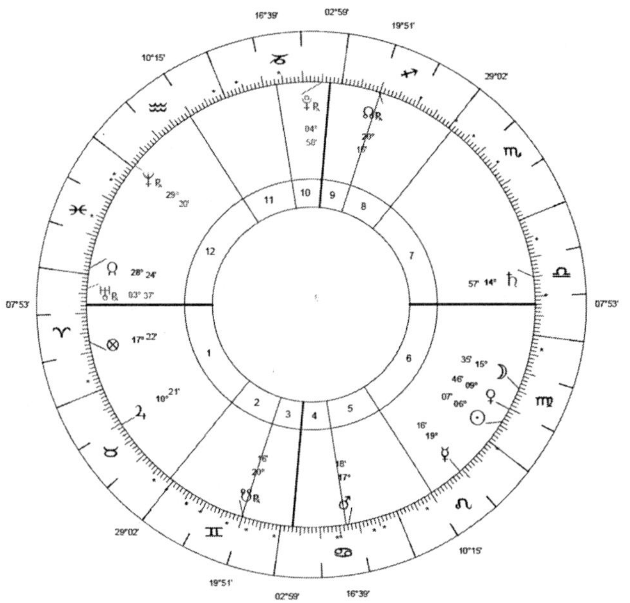

Abb. 14: Chronische Erkältung, 29.08.2011, 21:22:24, Gorinchem

Galle die Ursache auf der Ebene der Humores, aber der feuchte Mond ist auch ein Teil des Problems. Die Feuchtigkeit des Mondes spiegelt die Erkältungssymptome wider, aber feuchte Symptome weisen nicht automatisch auf einen Schleimüberschuss als Ursache hin. Es entsteht also ein Bild von zu viel schwarzer Galle, das den feuchten Energiefluss des Mondes aus dem Gleichgewicht gebracht hat.

Der Mond ist der allgemeine Signifikator des Gehirns und die Nase ist direkt mit dem Gehirn verbunden in der traditionellen Anatomie. Der Mond sind auch die Emotionen, und durch Antiszie (Spiegelpunkt auf der Achse 0° Krebs–0° Steinbock) ist der Mond in Opposition zu Saturn, dem Herrn von 10, der auffallend im siebten Haus steht und dem Herrn von 1 durch negative Rezeption schadet. Nahe der Hausspitze 10 steht der bösartige Pluto, der als zusätzlicher Faktor in der klassischen Astrologie benutzt werden kann. Das zehnte Haus ist eindeutig im Spiel, und das zeigt die

Situation der Mutter, mit der die Klientin zu kämpfen hat. Psychologisch gesehen müssen wir uns also mit einem zu melancholischen Gefühlsstrom beschäftigen, der von Trauer und Sorge erstarrt ist.

Ayurvedisch übersetzt ist hier Überschuss von Vata das Problem. In Yin/Yang ist das überschüssige Yin mit dem kalten Mond in der kalten Jungfrau das Problem. Yang-Mittel können daher ebenso eingesetzt werden wie Anti-Vata-Mittel. In humoraler Hinsicht denken Sie an eine antimelancholische Diät mit viel warmem und feuchtem Essen, Kräutern und anderen Mitteln, die der schwarzen Galle entgegenwirken. Am besten wählen wir Kräuter, die unter den Mond fallen in Sympathie mit der Ursache, aber auch Jupiterkräuter sind gut, weil Jupiter mit dem Mond in Erhöhungssympathie steht. Außerdem können Sie Sonnenmittel benutzen, die Sonne steht in Antipathie mit dem Mond und etwas Licht in diesem kalten und sorgenvollen Zustand kann nicht schaden.

Behandelt wurde unter anderem mit Lungenkraut, einem feuchten und warmen Jupiterkraut für die Atemwege, Johanniskraut (Sonne, Antimelancholikum), Mistel (Mond, besonders feucht, gut für den Kopf) und Rosmarin (Sonne bringt Wärme in den Kopf). Rosmarin wurde der Mischung in niedrigeren Dosen hinzugefügt, weil es sehr heiß und trocken ist, aber es kann Teil der Mischung sein, wenn es niedrig dosiert wird.

Als Stein wurde ein Goldtopas gewählt, Topase sind Jupitersteine, die zu kalte Systeme heizen und stimulieren. Zellsalz *Kalium-Sulfuricum* in D6 wirkt durch den Schwefel erwärmend und das Kalium wirkt gegen Katarrh der Atemwege, es stimuliert auch die Sauerstoffversorgung der Zellen, was bei einem Überschuss an Erde keine schlechte Idee ist. Die Verarbeitung der Trauer um die Mutter und die Akzeptanz ihres Zustandes werden zur Verbesserung beitragen. Die Behandlung war erfolgreich und führte zu vollständiger Heilung. Zwar ging es nicht schnell, aber dieser traditionelle Ansatz benötigt mehr Zeit als eine Pille vom Hausarzt.

Diese Frage stellte einer Frau für ihren Mann: Das Problem sei eine chronische Schwellung des Unterschenkels durch Flüssigkeitsansammlung. Nach Aussage des Arztes hatte es mit der Funktion der Lymphe zu tun. Die Krankheit wurde von ihm als Nebenwirkung eines Medikaments dargestellt. Weil die Frau die Frage nach ihrem Ehemann stellt, ist der Körper des Kranken der Herrscher des siebten Hauses, Merkur. Merkur ist ein kalter und trockener Planet und steht im Stier in einem kalten und trockenen Zeichen. Da die humorale Natur des Zeichens und des Planeten übereinstimmen, können wir den Dispositor von Merkur, Venus, nicht als Ursache der Krankheit nehmen. Immerhin ist Merkur in einem Zeichen – einer Umgebung – die seiner Natur entspricht und ihn deshalb nicht krank macht.

In diesem Fall wird das Horoskop (Abb. 15) nach einer anderen möglichen Ursache der Krankheit untersucht. Oft gibt das Horoskop selbst deutliche Hinweise darauf, welcher Planet die Ursache ist, und das ist auch hier der Fall. Der Mond steht sehr auffällig auf dem Deszendenten, der ja den Körper des Mannes repräsentiert. Die Ursache könnte sehr wohl der Mond in den Zwillingen sein. Das Bild vom Mond in den Zwillingen passt auch gut zu dem Symptom, der flüssige Mond hat ja mit der Lymphe und den Ansammlungen von Flüssigkeit zu tun. Die Platzierung in den Zwillingen zeigt, dass die Ursache zu viel Blut ist, dies erzeugt einen Überdruck im System, sodass die Flüssigkeit zwischen den Zellen aus den Adern im Bein herausgedrückt wird.

Auch das Symptombild in dem so oft erwähnten Standardwerk zur medizinischen Astrologie von Richard Saunders (1677) ist sehr treffend. Die Ursache Mond in den Zwillingen ist nach Saunders Wärme im ersten Grad und Feuchtigkeit im zweiten Grad und das führt zu »Schwellungen in den Füßen«! Die anatomische Zuordnung zu den Füßen ergibt sich aus der Platzierung des Mondes »im zwölften Zeichen«. Vom eigenen Zeichen Krebs aus gesehen ist das zwölfte Zeichen Zwillinge und das 12. Zeichen sind immer die

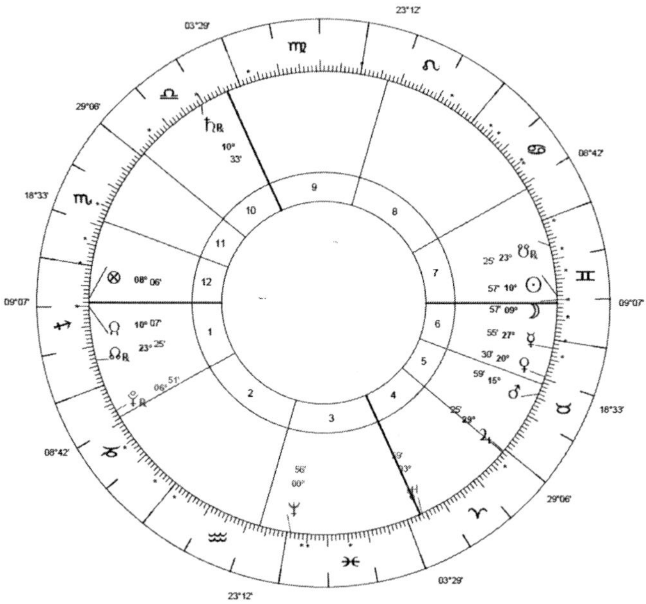

Abb. 15: Stagnierende Flüssigkeit, 10.06.2011, 20:59, Zürich

Füße. Von jedem Zeichen aus gesehen beginnt daher jeder Planet – der der Herrscher dieses Zeichens ist – eine Art von abgeleiteten »anatomischen« Tierkreis, was übrigens nur anatomisch gilt. Der Herrscher des 7. Hauses (der Mann), Merkur, hat sich lange Zeit im Stier aufgehalten und dies weist auf die chronische Natur der Krankheit hin. Chronisch bedeutet, dass sich jemand lange in einer bestimmten Situation befunden hat und das wird nicht durch ein fixes Zeichen, sondern durch einen langen Aufenthalt in einem Zeichen (der Situation) angezeigt.

Wir können davon ausgehen, dass der Mond die Ursache ist, in den Zwillingen deutet dies hauptsächlich auf einen Überschuss an Feuchtigkeit hin und daher sind trocknende und kühlende Kräuter wie Hirtentäschel (Saturn in Antipathie mit dem Mond) und Weidenrinde (Mond) geeignet. Als Edelstein kann ein Stein des Mondes dienen, der den Feuchtigkeitshaushalt reguliert, zum Beispiel der blaue Chalzedon. Das Horoskop liefert in Kombination mit dem Symptombild auch eindeutige Hinweise für die Wahl des richtigen Zellsalzes. Es gibt zu viel Feuchtigkeit zwischen den Zellen, die die Schwellung verursacht, und so kann das Heilmittel ein Natriumsalz sein, das die Flüssigkeit zwischen den Zellen reguliert und mit dem Luftelement verbunden ist. Von den drei Natriumsalzen ist *Natrium Chloratum* die beste Wahl, von einem überhitzten, angesäuerten Zustand (*Natrium Phosphoricum*) und einem viel zu kalten Zustand (*Natrium Sulphuricum*) kann keine Rede sein. Eine der wichtigsten Wirkungen von *Natrium Chloratum* ist in der Tat die gegen lymphatische Schwellung, eine Bestätigung, dass dies das richtige Mittel ist.

Herzklopfen und Todesangst

Es versteht sich von selbst, dass der Rat des medizinischen Astrologen immer komplementär ist und dass von einer Behandlung durch einen Hausarzt nie abgeraten wird. Die vorgeschriebenen Maßnahmen sind mild: Diät, Edelsteine, Zellsalze, Lebensstiländerungen, psychologische Beratung, spagyrische Essenzen und Kräuter. Eventuell gebrauchte reguläre Medikation sollte sorgfältig auf Verträglichkeit mit empfohlenen Kräutern und auf Kontraindikationen hin überprüft werden. Kräuter sind oft milder als die chemischen Medikamente der regulären Medizin, aber sie greifen in den Körper ein und sie sind und bleiben Medikamente. Das bedeutet, dass Sie auch mit Kräutertee vorsichtig umgehen müssen, und natürlich gibt es auch giftige Kräuter.

Diese medizinische Frage betraf Herzrhythmusstörungen, die viele Ängste auslösten, ein weiteres Symptom waren ständige Prellungen. Es ist immer wichtig, ein Gesamtbild aller Symptome zu bekommen, einschließlich jener Symptome, die scheinbar nichts mit den Beschwerden zu tun haben. Sie wollen nicht nur so viele Symptome wie möglich in Ihrer Behandlung berücksichtigen, sondern diese können auch zu einem besseren Verständnis der Situation beitragen und sind sogar unverzichtbar, wenn Sie die Nicht-

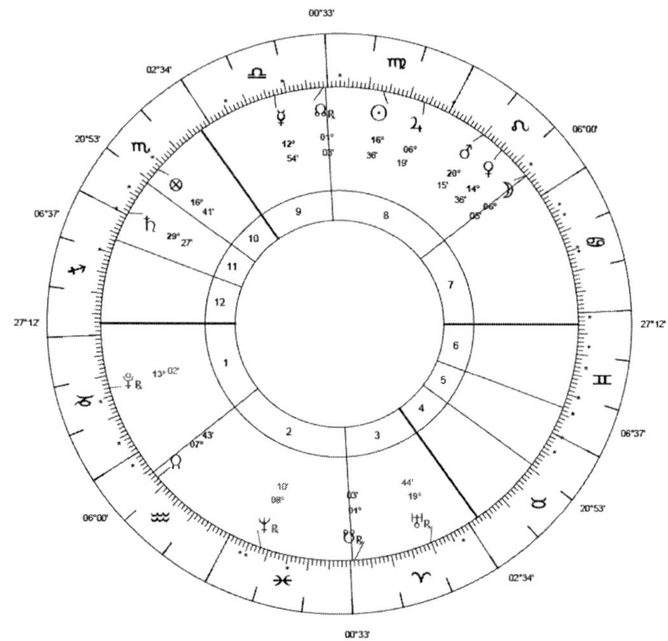

Abb. 16: Herzrhythmusstörungen, 09.09.2015, 16:28, Gorinchem

Standard-Methode anwenden. Es passt auch zu dem Ansatz, der der medizinischen Astrologie zugrunde liegt, denn das ganze System ist aus dem Gleichgewicht und die verschiedenen Symptome sind daher der sichtbare Ausdruck dieses Ungleichgewichts. Aber alle diese Symptome, und manchmal sind es wirklich eine ganze Reihe, sind verbunden, und dieser Zusammenhang muss in der Diagnose deutlich werden.

In diesem Fall ist die Deutung des Stundenhoroskops wieder ganz direkt, Herr von 1, der Körper, ist der warme und feuchte Jupiter, der in der kalten und feuchten Jungfrau steht. Die humoralen Eigenschaften des Herrn von 1 und die des Zeichens stimmen nicht überein, daher ist der Zeichenherrscher von Jungfrau die Ursache der Krankheit. Merkur befindet sich in der Waage und daher ist ein Übermaß des expansiven Bluts das Problem. Ein Übermaß an expansivem Blut erzeugt eine Art Überdruck im Körper und das wirkt natürlich auch im Blutkreislauf, mit dem Herzen als Zentrum. Es erklärt die Blutergüsse und weil Blut oder Luft mit mentaler Aktivität verbunden ist, deutet es auf Nervosität hin.

Dies wird durch Merkur, den anatomischen Signifikator des Nervensystems, bestätigt. Er ist Teil des Bildes der Krankheitsursache. Das Nervensystem ist übermäßig stimuliert, was zu den Rhythmusstörungen führt. Der Mond, der durch seinen letzten Aspekt und/oder seiner Platzierung immer etwas zeigt, was in der gesamten Krankheitssituation eine Rolle spielt, fällt beinahe exakt auf Spitze 8, das Haus des Todes, der Patient hat verständlicherweise Angst, dass das Herz plötzlich aufhört zu schlagen. Aber es gibt keinen Kontakt zwischen der Sonne, dem Herrn von 8, dem Tod und Jupiter, dem Körper, und es ist nur eine Angst, aber sie ist da und wird die Symptome verstärken.

Das überschüssige Blut kann durch kalte und trockene Nahrung und Kräuter, die unter Merkur fallen, reduziert werden. Eine gute Möglichkeit ist die Passionsblume, deren humorale Eigenschaften und deren Planet, unter den sie fällt, in den traditionellen Kräuterlisten nicht erwähnt wird. Die Passionsblume kommt ursprünglich nicht in Europa vor, sie wurde erst in der Neuzeit aus Südamerika eingeführt, aber die Wirkung des Krauts ist beruhigend und dämpfend. Der Planet, unter den die Passionsblume fällt, ist nicht so schwer zu finden, die Wirkung auf das Nervensystem ist so ausgeprägt, es muss Merkur sein. Eine andere Merkurpflanze ist das Maiglöckchen, das eine starke Wirkung auf das Herz hat. Dieses Kraut ist sehr giftig und kann nur in spagyrischer oder homöopathisch verarbeiteter Form (5 Tropfen täglich in D30) gegeben werden.

Geeignete Steine können aus einer Vielzahl von Achaten, Beryllen und Turmalinen ausgewählt werden, die Tatsache, dass diese Steine in einer so großen Vielfalt vorkommen, zeigt bereits, dass sie unter Merkur fallen. Von den Turmalinen ist der grüne Verdilliet eine gute Wahl, weil er aufgrund seiner Merkur-Natur den aus dem Gleichgewicht geratenen Merkur-Energiefluss harmonisiert, seine grüne Farbe beruhigt und der Stein wirkt sehr spezifisch auf das Herz. Ein grüner Beryll, d.h. ein Smaragd, hat eine ähnliche

Wirkung und wurde von dieser Klientin als Stein und als spagyrische Essenz benutzt. Sie bemerkte sehr schnell, dass bei Herzklopfen der Smaragd, in der Herzgegend getragen, stark beruhigend wirkte. Die Behandlung war erfolgreich, die Beschwerden und Ängste wurden schnell reduziert und verschwanden nach ein paar Monaten ganz.

Magenproblem

Bei dieser Frage ging es um ein sehr komplexes und chronisches Leiden, bei dem Probleme mit dem Magen im Mittelpunkt standen. Der Klient litt an Säure, die auch in den Mund kam, starkem Juckreiz, Schlaflosigkeit und einem chaotischen Gedankenfluss, Gewichtsverlust aufgrund von großen Problemen mit dem Magen und Druck auf die Kehle. Diese Symptome hatten schon viele Jahre bestanden, verschiedene reguläre und nicht-reguläre Methoden hatten unterschiedliche Ergebnisse, aber es hatte sich in all den Jahren nicht wirklich etwas verbessert. Insbesondere der Gewichtsverlust machte dies zu einer Krankheit, bei der eine wirklich akute Besserung erforderlich war, ohne die Aufnahme von ausreichenden Nährstoffen konnte es nur noch schlimmer werden.

Wie bereits gesagt, bestand dieses Symptommuster seit Jahren und dies ist sicher nicht der einzige Fall einer chronischen Krankheit, die dem medizinischen Astrologen präsentiert wird. In der Tat, ein wichtiger Teil der Fälle sind chronische Fälle und es gibt eine Regel: Wenn das Symptommuster seit Jahren besteht, ist es am besten, zuerst zu entgiften. Aufgrund einer langwierigen chronischen Erkrankung werden viele Abfallprodukte im Körper gespeichert, Giftstoffe hemmen und verstopfen die Organe, sodass Medikamente auch weniger gut funktionieren. Wenn Sie nicht erst gründlich entgiften, ist die Chance auf einen Behandlungserfolg geringer.

Aus diesem Grunde waren die anderen Behandlungsmethoden auch nicht sehr erfolgreich, denn es war noch nie entgiftet worden. Es gibt viele Methoden, um zu entgiften, manche arbeiten sogar nur mit einer Diät, aber das erfordert viel Disziplin. Eine praktikablere

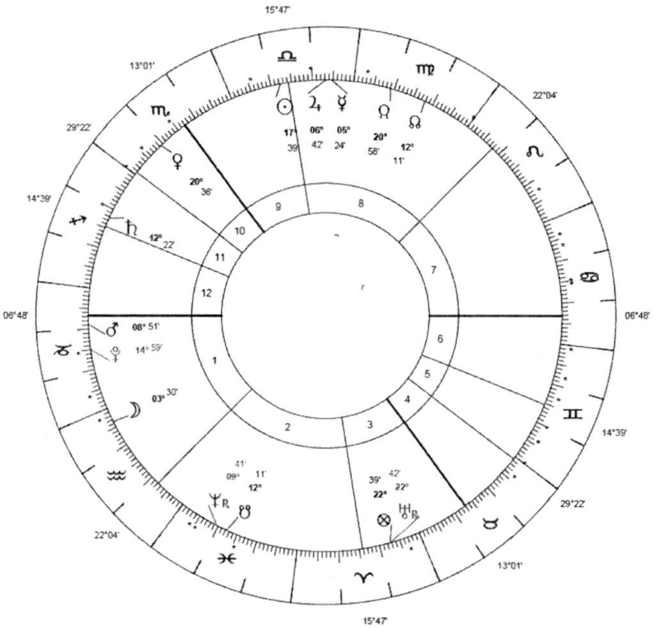

Abb. 17: Magenproblem, 10.10.2016, 16:04, Gorinchem

Methode ist die Phoenix-Entgiftung, die mit vier spagyrischen Tinkturen arbeitet, die 45 Tage lang eingenommen werden. Die Tinkturen sind Mariendistel, Goldrute, Brennnessel/Arsen und der Lebensbaum (Thuja), zumindest sind das die Hauptzutaten, die Tinkturen enthalten viele andere Kräuter und Metallzubereitungen.

Die Idee ist klar, alle Organe, die an der Ausscheidung beteiligt sind, werden dringend aufgefordert, Giftstoffe zu entfernen. Mariendistel ist für die Leber, Goldrute für die Nieren, Nessel für die Haut und der Lebensbaum für die Lymphe, sodass in kurzer Zeit viele Giftstoffe entfernt werden, daher muss während der Kur zusätzlich viel Mineralwasser getrunken werden. Ohne diese im Wesentlichen einfache Entgiftung ist jede Form der Behandlung zwar nicht direkt wirkungslos, aber in jedem Fall weniger vielversprechend.

Das war auch in diesem Fall offensichtlich, bei der Entgiftung gab es deutliche Symptome der Toxinentfernung, einschließlich einer kurzen Entzündung des Unterschenkels, aber danach fühlte sich der Klient deutlich besser. Der Magen war schon ruhiger und die Behandlung mit Kräutern musste noch beginnen, während der Entgiftung benutzt man keinen Kräutertee oder andere Mittel. Die Durchführung einer Entgiftung ist unabhängig von der Diagnose, wenn es ein ernstes chronisches Problem gibt, muss es passieren. Die Diagnose ist auch in diesem Fall nicht so schwierig, der kalte und trockene Saturn ist Herr von 1 und dieser steht im Schützen, einem heißen und trockenen Zeichen. Weil die humoralen Eigenschaften nicht übereinstimmen, ist der Dispositor des Saturn die Ursache. Dies ist der expansive, sanguinische Jupiter in der sanguinischen Waage.

Die Ursache ist daher ein Blutüberschuss, der im ganzen System zu Überdruck führt, es sieht aus wie eine große krampfartige Schwingung. Dies erklärt den Juckreiz, den Druck auf die Kehle und das Aufsteigen der Magensäure über die Speiseröhre, es handelt sich um eine allgemeine Hyperaktivität der Peristaltik. Auf psychologischer Ebene führen Hyperaktivität, Unruhe und ein chaotischer Gedankenfluss zu Schlaflosigkeit. Jupiter, die Ursache der Krankheit steht in Konjunktion mit Merkur. Das zeigt, dass die Krankheit sich auch stark durch das Nervensystem ausdrückt.

Der sehr auffällige erhöhte Mars am Aszendenten zeigt ein wichtiges Symptom, die brennende Säure, die aufsteigt. Jupiter ist in gegenseitiger negativer Rezeption mit Mars, was zeigt, dass Jupiter die Krankheit verursacht, aber Mars wirkt auch auf die Ursache zurück und verschlimmert sie. Der Planet, der die höchste Position am Himmel einnimmt, ist Venus, Herrscher von 4 in schlechtem Zustand im Fall, der Magen fällt anatomisch unter das vierte Haus. Ayurvedisch ist es der Pitta-Überschuss und in TCM-Begriffen der Yang-Überschuss (Yang-Planet Jupiter im Yang-Zeichen Waage).

Die Behandlung besteht aus dem Wechsel zu kalten und trockenen Nahrungsmitteln und Kräutern, die die Blutmenge reduzieren und gut für Haut, Magen und Nervensystem sind. Dies können direkt sympathische Kräuter des Jupiter oder Kräuter des Saturns sein, die durch Antipathie das Ungleichgewicht des Jupiters korrigieren. Eine kalte und trockene Mischung aus Knöterich (Saturn), Schachtelhalm (Saturn), Zichorie (Jupiter) und Hirtentäschel (Saturn) wurde verordnet, um das hyperaktive System zu beruhigen. Zu einer so einseitigen kalten und trockenen Mischung fügen Sie immer eine kleine Menge eines Krauts mit einer entgegengesetzten humoralen Wirkung hinzu, um einen zu starken Effekt in einer Richtung zu puffern. In diesem Fall war es das warme und feuchte Venus-Kraut, Malve, das auch die martiale Säure aus dem Magen dämpfen kann.

Ein passender Edelstein ist der Antimonit, ein Saturnstein, der bei Haut- und Magenproblemen hilft oder ein Hypersthen, der auch unter Saturn fällt und speziell bei zu viel Säure im Magen hilft. Eine gute unterstützende Maßnahme ist ein Aderlass, der den Blutüberschuss direkt vermindern kann. Aus den Kräutern in der Mischung kann auch eine spagyrische Mischungsessenz hergestellt werden, die dem Kräutertee hinzugefügt wird und die seine Wirkung deutlich verstärken kann. Sie haben dann die rohe stoffliche Kraft des unbearbeiteten Krauts mit seiner von der Alchemie freigesetzten Essenz kombiniert. Natürlich ist es bei so viel Blut wichtig, sich genügend Ruhe zu nehmen und Kontakt mit der Erde zu suchen. Ruhige, erdige Farben und praktische, konkrete Arbeit beruhigen mehr als geistige Aktivität.

Die Behandlung war schnell erfolgreich, der Magen kam zur Ruhe, der Klient konnte mehr essen und begann sogar wieder zuzunehmen. Der Weg zurück zur Gesundheit hatte wieder begonnen. Da die Symptome seit Jahren bestanden, sollte die Behandlung für einen längeren Zeitraum fortgesetzt werden, um Heilung zu erreichen. Sie können für jedes Jahr Krankheit einen Monat Behandlung rechnen, obwohl das natürlich eine ziemlich allgemeine Faustregel ist, in einzelnen Fällen kann es sehr unterschiedlich sein.

Was in der medizinischen Sprache als Burnout bezeichnet wird, ist tatsächlich ein etwas globales, aber erkennbares Muster von Symptomen, mit dem ein bestimmter Krankheitsverlauf verbunden werden kann. Die Diagnose »Burnout« kann nicht eins zu eins mit einem bestimmten Übermaß an Humoren in Verbindung gebracht werden, es ist nicht, wie man vielleicht annehmen könnte, wegen des Ausbrennens immer ein Überschuss an gelber Galle. Da sich die Schulmedizin ausschließlich auf die Behandlung von Symptomen konzentriert, können die Begriffe, die Ärzte für Krankheiten verwenden, nicht einfach in Humoren und Planeten »übersetzt« werden.

In dieser Frage nach einem Burnout war von der typischen plötzlichen totalen Erschöpfung, Angstattacken und einem sehr stumpfen, wattigen Kopf die Rede. Im Fragehoroskop steht der heiße und trockene Mars, der Herrscher von 1, im eigenen Zeichen Skorpion. Der Skorpion ist ein kaltes und feuchtes Wasserzeichen, daher passt Herr 1 humoral gesehen nicht zu dem Zeichen, in dem er steht. Der Herrscher des 1. Hauses, Mars, ist jedoch in dem Zeichen, in dem er herrscht, so fühlt er sich dort auch wohl, er ist in seinem eigenen »himmlischen« Haus (= Zeichen).

Wir können nun nicht direkt zum Dispositor von Herr 1 gehen, um die Ursache zu finden, die Ursache muss also ein anderer Planet sein. Venus im Löwen auf dem MC springt sofort ins Auge, jedenfalls gibt diese Position ein wichtiges Thema in der Situation an. Wenn Venus im Löwen die Ursache sein sollte, dann würde dies ein Übermaß an Feuer anzeigen. Aber die Frage ist dann, wie man dies mit dem vorherrschenden Symptom des dichten, wattigen Kopfes und den Ängsten verbinden kann. Anatomisch gibt es keine Verbindung mit dem Kopf und Angst ist nicht die Emotion, die zum Feuerelement gehört.

Eine andere Möglichkeit, wenn man den Dispositor von Herr 1 nicht nehmen kann, ist der Planet, mit dem der Mond seinen letzten Aspekt gemacht hat. Das ist in diesem Fall Saturn. Saturn steht im

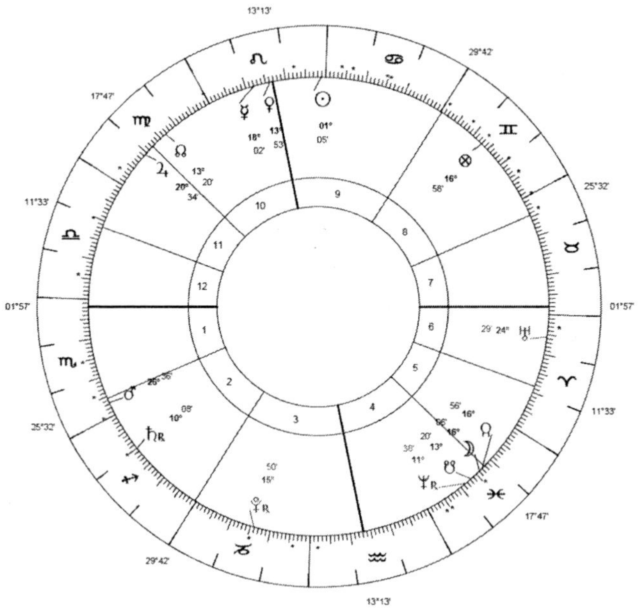

Abb. 18: Burnout, 23.07.2016, 14:36, Gorinchem

feurigen Schützen und das würde auch auf ein Übermaß an Feuer hinweisen. Jetzt kann die Angst als Symptom möglicherweise doch mit Saturn verbunden sein, aber es ist wieder völlig unklar, wo die anatomische Verbindung mit dem Kopf zu sehen ist. Eigentlich ist der einzige Planet, der dies deutlich zeigt, Mars. Es ist immer möglich, wenn man den Dispositor von Herr 1 nicht direkt nehmen kann, dass die Ursache der Herr 1 selbst ist. Mars als Bild der Krankheit weist auf einen Schleimüberschuss hin, auf das Element der Emotionen, das gut zu den Ängsten passt und auch zu der Sache mit dem Kopf. Der Klient verglich das Gefühl mit dem einer schlimmen Erkältung, die immer ein Phlegma-Übermaß ist.

Ein Planet, der in seinem eigenen Zeichen steht, kann anatomisch immer auf den Kopf verweisen und Mars ist der Herrscher des Skorpions, der das gesamte erste Haus, anatomisch auch den Kopf, beherrscht. Da haben wir den grippeähnlichen, wattigen

Kopf, Mars ist nicht nur Herr 1 sondern auch die Ursache des Burnouts. Das Bild des Mars in einem festen Wasserzeichen ist das einer nicht funktionierenden Kampftruppe, die sozusagen unter Wasser steht. Es ist, als ob wir einen Soldaten sehen, der kämpfen muss, während er bis zum Hals im Wasser steht. Die Behandlung zielt darauf ab, das Zuviel an Phlegma mit warmen und trocknenden Mitteln zu verdampfen und gleichzeitig die Mars-Energie mit Mars- Mitteln wieder auszugleichen.

Ein ausgezeichnetes Kraut in diesem Zustand ist die warme und trockene Brennnessel, die unter den Mars fällt und als Tonikum dem gesamten geschwächten Körper-Geist-System wieder Kampfkraft verleihen kann. Das Metall, das zum Mars gehört, ist Eisen und eine spagyrische Essenz aus Eisen ist daher sehr geeignet, sie bringt die Essenz der Marskraft wieder ins Gleichgewicht. Kräuter, die unter die Sonne fallen, können ebenfalls in die Mischung aufgenommen werden, denn die Sonne ist durch Erhöhung in Sympathie mit dem Mars. Ein gutes Kraut ist das Sonnenkraut Rosmarin, es ist sehr heiß und trocken und es wirkt gezielt gegen Schleim im Kopf. Als Stein ist ein martialischer roter Granat oder ein Rubin eine gute Wahl.

In ayurvedischen Begriffen wird das Problem durch überschüssiges Kapha verursacht und in der TCM würde es um einen Yang-Mangel mit Feuchte und Kälte handeln. Immerhin ist Mars ein feuriger Yang-Planet in einem wässrigen Yin-Zeichen, sodass Yang-Toniken auch hier verordnet werden können. In diesem Fall können Sie das Grundwissen der TCM nutzen, um die Situation besser zu verstehen. Das Gefühl der Angst hat mit den Nieren zu tun und eine lange Zeit der Angst zieht die Lebensenergie, das Jing, aus den Nieren. Die Nieren sind ein sehr grundlegendes Organ in der TCM, sie versorgen die Energie von Yin und Yang für den ganzen Körper, sie werden als die Wurzel von Wasser (Yin) und Feuer (Yang) gesehen.

Dies hat eine bemerkenswerte Parallele in der astrologischen Anatomie, in der die Nieren unter den Wasserplaneten Venus fallen, aber sie werden auch, wenn auch nicht ganz so prominent, unter dem Mars klassifiziert. Dies hat damit zu tun, dass die Nieren durch das Ausscheiden des überschüssigen Wassers (Venus) das Feuer (Mars) freisetzen. Genau das sagt man in der TCM über die Nieren. Das Gehirn wird auch zu den Nieren hinzugefügt, ein Problem mit dem Gehirn kann mit einem Problem der Nieren zu tun haben. Das ist hier eindeutig der Fall, die Angst hat die Nieren ausgelaugt und das dumpfe Gefühl im Kopf verursacht. Mars, der Teil der Ursache ist, symbolisiert also das Nierenfeuer, das nicht mehr adäquat freigesetzt werden kann.

Die Verbindung mit der TCM eröffnet ein sehr wichtiges Gebiet für den medizinischen Astrologen, und zwar das von Qi Gong, der chinesischen Bewegungskunst. Qi Gong kennt Übungen zur Stärkung der Energie im Körper, aber auch Übungen für jedes Organ und Element. Wenn wir also wissen, dass die Nieren geschwächt sind und das Problem ein Mangel an Yang ist, kann eine spezifische Übung gesucht werden. Das Schöne an Qi Gong ist, dass es direkt mit dem kosmischen Energiefluss, dem Chi, in Indien Prana und von Paracelsus »Ens Magnum« genannt, zusammenarbeitet. Die Qi-Gong-Bewegungen sind symbolische Muster, die durch die Ausführung der Übungen die benötigte Energie direkt aus dem Kosmos beziehen.

Geburtshoroskope

Auf der Grundlage eines Geburtshoroskops können Sie keine zuverlässige Diagnose stellen, dafür nehmen Sie ein Stundenhoroskop. Was man natürlich dennoch tun kann, ist eine präventive Beratung, um Schwachpunkte in der Konstitution so weit wie möglich auszugleichen und so die Wahrscheinlichkeit schwerer Erkrankungen zu reduzieren. Dann betrachten Sie das Temperament, die Stellung von Herr 6 und andere Faktoren, die den Körper schädigen. Die medizinisch-astrologische Deutung des Radixhoroskops zeigt deutlich, dass die Gesundheit stark von der Konstitution bestimmt wird, die man im Geburtshoroskop sehen kann.

Es gibt Menschen mit einer schwachen Konstitution, die schnell Symptome entwickeln, und es gibt sehr starke Menschen, die nie etwas haben, selbst wenn sie drauflosleben. Natürlich wird Gesundheit durch Lebensstil und Ernährung beeinflusst, aber es darf nicht der Eindruck entstehen, dass unsere Gesundheit machbar wäre. Das Leben kann nicht gemacht werden und das gilt auch für die Gesundheit. Eine Krankheit ist nicht die Schuld des Patienten, sie ist auch nicht auf eine mangelnde psychologische Entwicklung oder Mangel an Disziplin zurückzuführen. Auch auf medizinischem Gebiet gilt: Wir leben den Kosmos, der Kosmos lebt uns.

Eine bipolare Prinzessin – Carrie Fisher

Im Dezember 2016 starb die amerikanische Schauspielerin Carrie Fisher, die für ihre Rolle als Prinzessin Leia Organa im überaus beliebten Star-Wars-Zyklus berühmt wurde. Ebenso bekannt wie diese Rolle war ihr lebenslanger Kampf mit einer manisch-depressiven Störung und einer Sucht nach Alkohol und Drogen. Das Erste, was Sie in ihrem Radix bemerken, ist das sehr unausgewogene Temperament. Dies ist nicht der Ort, um zu erklären, wie das Temperament bestimmt wird, dafür beziehe ich mich auf mein Buch KLASSISCHE MEDIZINISCHE ASTROLOGIE – HEILEN MIT DEN ELEMENTEN (Kapitel 12).

Die Analyse des Temperaments von Carrie Fisher zeigt, dass sie zu 80 % melancholisch ist. Melancholie ist schwarze Galle, und mit einem so enormen Übermaß davon kann man von einer deutlichen Veranlagung zur Schwarzgalligkeit sprechen. Der Wert eines solchen Befundes durch einen Astrologen könnte sein, dass die Person ihre Ernährung anpassen und verschiedene andere Maßnahmen ergreifen kann, um diesem extremen Überschuss an schwarzer Galle entgegenzuwirken. Auf diese Weise kann man die Wahrscheinlichkeit von Problemen verringern und die Symptome der Krankheit mildern. Das Erreichen von mehr Gleichgewicht in der Konstitution ist das Ziel des präventiven Zweigs der medizinischen Astrologie, die aus dem Radixhoroskop hervorgeht.

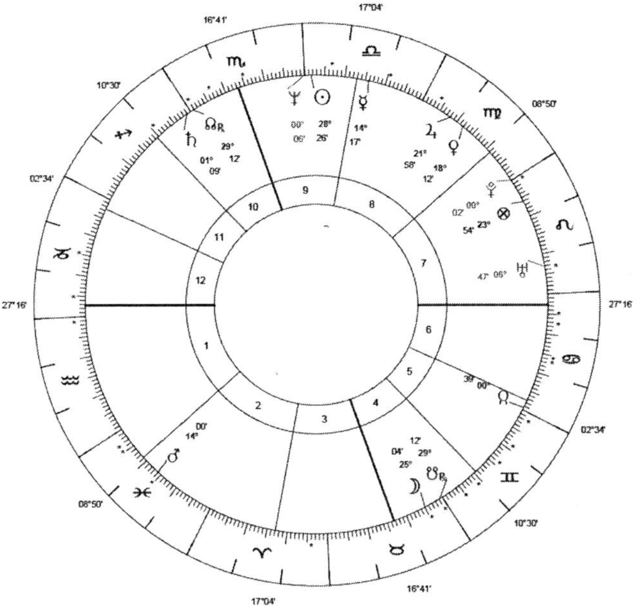

Abb. 19: Carrie Fisher, 21.10.1956, 12:49 PST, Burbank, CA

Schwarze Galle ist kalt und trocken und es ist der Humor, der die größten Probleme verursachen kann. Fisher hat das wohl bemerkt, aber es gibt weitere Anzeichen, dass sie es nicht leicht hatte. Der Herrscher des sechsten Hauses, des Krankheitshauses, ist der emotionale und instabile Mond, der auf psychische Erkrankungen hindeutet. Die Wechselhaftigkeit des Mondes spiegelt die bipolare Störung auffallend wider und eine weitere Position des Mondes zeigt deutlich die Probleme. So steht der Mond auf Algol, und ja, die Standardinterpretation von Algol ist »Kopf verlieren« oder »andere den Kopf verlieren lassen«, denn Algol kann auch eine glamourartige Ausstrahlung verleihen. Es scheint, dass sich beide Seiten der Gorgonen (Algol ist der Kopf der Gorgone Medusa) im Leben von Fisher manifestiert haben. Diese Glamour-Erscheinung spiegelt sich auch in dem Mythos von Algol wider, der Gorgon wird manchmal als unwiderstehlich attraktive Frau dargestellt.

Der Mond steht in Verbindung mit dem Südknoten, einem sehr schmerzhaften Punkt, an dem man sehr benachteiligt ist. Man kann es auch so sehen: Weil die Finsternisse auf der Mondknotenachse stattfinden, ist dies der einzige Ort, wo der Mond möglicherweise sein Licht verlieren kann, und das ist natürlich nicht schön. Der Mond bildet auch ein Trigon zu dem expansiven Jupiter, der sich in der Jungfrau von seiner schlechtesten Seite zeigt, er ist hier einfach nur grenzenlos.

Hier kommt die manische Seite der bipolaren Störung zum Vorschein. Dass dieser Jupiter in seinem Fall mit der Venus im Fall in Konjunktion steht, die wiederum der Dispositor des Mondes ist, macht es nicht viel besser. Es zeigt, dass sie, wenn sie der Depression der schwarzen Galle entkommen kann, sofort in der grenzenlosen Übertreibung von Jupiter im Fall landet.

Aber vielleicht wird ein aufmerksamer Leser einwenden, dass der Mond im Stier erhöht ist, er hat viel essenzielle Würde und wird daher wenig Probleme verursachen. Im Prinzip ist es wahr, dass ein Planet mit mehr Würde besser funktioniert. Aber dieser Mond ist so stark beschädigt durch Algol, dem Südknoten und dem Aspekt mit Jupiter/Venus in der Vernichtung bzw. im Fall, in dem breiteren Rahmen eines schweren schwarzen Temperaments, dass die Erhöhung des Mondes im Stier nicht kompensieren kann. In der Tat ist die Erhöhung »gut«, bedeutet aber auch oft, dass die Verbindung mit der Realität geschwächt ist. Die Erhöhung ist eine Würde, die auch ihre besonderen Probleme hat, und dieser Mond kann sie noch abgehobener von der Erde machen.

Als ob all das nicht genug wäre, steht Saturn, der Planet der Melancholie, über Antiszien (Planetenposition gespiegelt in der Achse 0°-Krebs-0°-Steinbock) am Aszendenten! Der Aszendent ist ausgeprägt die Carrie selbst und Saturn ist der Herr von 12, der Einsamkeit, Angst, Sucht und Selbstzerstörung. Es gibt fast kein Entkommen für sie, auf allen Seiten grinst die Schwarzgalligkeit. Der einzige Planet, der einen Ausweg bietet, ist der Mars, der eine schöne Triplizitätswertigkeit in den Fischen hat, und das ist der Herr von 10, ihre Arbeit. Mars ist natürlich »Wars« und dass er auch »Star« ist, sieht man an der Platzierung des Herrn von 10 auf dem Fixstern Achernar, der mit dem Mythos der Entführung des Sonnenwagens verbunden ist!

Es gibt noch einige interessante Details im Horoskop, die es wert sind, betrachtet zu werden. Fisher starb auf dem Weg nach Los Angeles an einem schweren Herzinfarkt in einem Flugzeug. Die Umstände des Todes können Sie in Haus 8 sehen, wo Merkur (Fahrzeuge) in Waage (in der Luft) herrscht. Merkur befindet sich in Haus 9, der Reise, und ist in gegenseitiger Rezeption mit Venus, dem Herrn von 9. Merkur ist auch Herr 5 des Herzens und steht unter den Strahlen der schwachen Sonne im Fall. Die Sonne ist auch der allgemeine Signifikator für das Herz. Es ist erstaunlich.

Auch der Punkt des Ruhms (Asc + Jup – Sun) ist mehr als treffend. Er steht auf 20°48‘ Schütze im Quadrat zur Jupiter/Venus-Konjunktion im Fall und Vernichtung und das zeigt das Bild mit dem Fisher am bekanntesten wurde und das auch am häufigsten in den Star-Wars-Reklamen gezeigt wurde. Sie ist darin spärlich bekleidet (Venus im Fall) als Gefangene des schlammig fetten (Jupiter im Exil) Monsters Jabba the Hutt zu sehen.

Die Frage ist nun, was hätte Carrie Fisher auf der Grundlage einer Deutung ihres medizinischen Horoskops tun können, um mehr Stabilität zu erlangen? Das erste große Problem ist ihr stark melancholisches, kaltes und trockenes Temperament. Sie wäre in der Lage gewesen, ihre Ernährung darauf einzustellen, indem sie jegliche Nahrung, die mehr Kälte und Trockenheit in den Körper bringt, vermeidet und so viele heiße/feuchte Dinge wie möglich isst (siehe Anhang für die Nahrungslisten). Melancholiker haben oft eine Vorliebe für Kohlenhydrate und Süßigkeiten, aber sie sollten es besser lassen, raffinierter Zucker trocknet und kühlt. Das Frühstück ist als die erste Mahlzeit des Tages besonders wichtig, es sollte für Melancholiker genügend gute Proteine und Fette und weniger Kohlenhydrate enthalten.

Die große Menge schwarzer Galle im Körper-Geist-System kann sehr gut in konkreten, kreativen Produkten ausgedrückt werden, Erde-Menschen haben oft eine Affinität zur Kunst. In Form des konkreten Kunstprodukts wird der dunkle Erdklumpen aus dem System sozusagen herausgebracht, wodurch er leichter zu handhaben ist. Ein Melancholiker muss auch lernen loszulassen und zu genießen – kalte und trockene Erde fließt nicht und deshalb neigt man dazu, alles festzuhalten. Dies können Probleme und Konflikte aus der Vergangenheit sein, aber auch zum Beispiel ein Ziel in oder außerhalb der Arbeit, das sich jemand fanatisch gesetzt hat. Melancholiker können unaufhaltsame Arbeiter sein, die sich selbst verbrennen und vergessen, dass der Bogen nicht immer angespannt sein kann. Magnesium ist eine gute Ergänzung zur Entspannung, ausreichende Versorgung mit Vitamin B ist ein Punkt, auf den man achten muss, es hält die Luftprozesse am Laufen. Melancholische Erdtypen sind zu stur, zu düster und können etwas mehr Luftigkeit gebrauchen.

Auf der Ebene der Planeten, im Horoskop, löst das gesamte Mond-auf-Algol/Herr von 6, oben skizziert, im Aspekt mit Jupiter im Exil zusammen mit der Venus im Fall die bipolare Störung aus. Dann kommt da noch der melancholische Saturn, der Herr von 12, der Sucht und der Einsamkeit, der über die Antiszien am Aszendenten steht. Als der wichtigste melancholische Planet ist der Zustand des Saturn in einem vom Erdelement dominierten Temperament immer wichtig, weil es möglich ist, mit Saturn die Melancholie zu organisieren und richtig zu verarbeiten. Selbst in einem Temperament, das noch extremer melancholisch ist als das von Fisher, braucht es keine größeren Probleme zu geben, wenn Saturn als »Erde-Processor« viel essenzielle Würde hat und somit gut funktioniert. Bei Fisher ist das nicht der Fall, Saturn ist peregrin und kann die Melancholie nicht gut ordnen, so kann er einen kleinen Stoß in den Rücken gut gebrauchen.

Es sind die sich stapelnden Hinweise, die die großen Probleme um Saturn, den Mond, Venus und Jupiter zeigen. Um zum Beispiel die Situation zu stabilisieren, müssen wir den Saturn stärken und versuchen, Venus zu harmonisieren. Am besten kann das mit einer im Wesentlichen starken planetaren Kraft geschehen. Mars wäre geeignet, um diese Rolle des Stabilisators zu erfüllen. Der Kampfplanet hat Triplizitätswürde im Wasserzeichen Fische, ist in Erhöhungssympathie mit Saturn und in Antipathie mit Venus, die so am Krankheitsprozess beteiligt ist. Alles, was zum Mars gehört, Aktivität, Metall, Edelstein, Farbe, kann also Verbesserung bringen.

Aber es gibt noch eine zweite Möglichkeit, den erhöhten Mond, der in Antipathie mit Saturn steht und in Sympathie durch die Erhöhung mit Venus. Auch alles, was zum Mond gehört, kann Besserung bringen, zum Beispiel ein Silberpräparat, ein Stein wie der Anhydrit, der unter den Mond fällt, die Farbe Weiß und alles, was mit Wasser zu tun hat und fließt, allerdings ohne Alkohol. Sowohl Mars als auch der Mond können gebraucht werden, die Essenz der Anwendung der Mondenergie ist einfach, man versucht den emotionalen Zustand zu stabilisieren und das wird seine Auswirkung auf das gesamte Körper-Geist-System haben.

Es ist dabei wichtig, dass der Mythos, der mit dem sehr bösen Stern Algol verbunden ist, auf dem der Mond steht, bewusst gelebt wird. Im Szenario eines Mythos ist es immer möglich, sich für die optimale Rolle zu entscheiden. Der Mythos von Algol ist Teil der Geschichte des Helden Perseus und der Fixstern Algol selbst ist der mit Schlangen besetzte Kopf der Medusa. Wer das Medusa-Monster direkt anschaut, versteinert. Es ist das Bild der Seele, die durch die Begierden getötet wird, ihre Offenheit für »oben« verliert. Algol ist auch – ohne die Schlangen auf dem Kopf – eine sehr schöne Verführerin, die irdischen Begierden erscheinen so schön und das zeigt, woher die starke Glamour-Erscheinung kommt, die Algol verleihen kann.

Es ist Perseus, der Medusa den Kopf abhackt. Zu diesem Zweck ist er mit einem unsichtbar machenden Helm ausgerüstet (nichts Schmutziges, Stoffliches haftet ihm an, die menschliche Natur wurde für einen Moment zurückgelassen), mit Flügeln (abstrahieren und Erhebung über dem Irdischen) und einem verspiegelten Schild (der schützenden Weisheit einer spirituellen Tradition). Er nähert sich der schlafenden Medusa indem er auf das Abbild ihres Schildes schaut und schlägt ihr den Kopf ab. Später benutzt er den abgeschlagenen Kopf, um seine Feinde zu versteinern. Das zeigt die

Vorteile, die eine Progression über oder eine Planetenposition auf Algol bringen kann: ein radikaler Verzicht, durch den Sie sich fundamental von der Macht befreien, die andere über Sie haben. Verzicht auf die eigenen Wünsche bringt wahre Freiheit, niemand kann Sie dann mehr manipulieren.

Die Wahl ist: Hackt Perseus ihm, dem Monster, den Kopf ab, oder hackt Medusa ihm den Kopf ab. Wenn Algol aktiv ist, werden Sie durch Verlust ausgeschaltet; die schöne Erscheinung ist zerrissen und Sie blicken in die ungeschminkte rohe Wirklichkeit des Lebens. Wenn jemand den Mut hat, das Schwert des Perseus zu nehmen, kann er hier einen großen Gewinn erzielen.

Der veränderliche Stern Algol, der sich ständig in seiner Helligkeit ändert, ist wie eine kontinuierliche Finsternis, eine Eklipse – daher auch seine Wirkung als Übeltäter. Der Kern besteht darin, radikal das zu opfern, an das man sich klammert, wenn nicht, zieht es einen nach unten. Natürlich ist es fraglich, ob Fisher das hätte tun können, aber der Mond auf Algol ist im Wesentlichen stark (in Erhöhung) und es ist immer sinnvoll, einen Klienten auf eine solche Hintergrundgeschichte aufmerksam zu machen, die ein dominanter Stern im Horoskop erzählt (mehr über die Fixsternedeutung finden Sie in meinem Buch DIE FIXSTERNE IM HOROSKOP – MYTHOLOGIE, KONSTELLATIONEN UND MONDHÄUSER (2016).

Angelina Jolie – eine vorbeugende Amputation

Die Schauspielerin Angelina Jolie wurde berühmt durch ihre Rolle als vollbusige und sehr brutale Lara Croft in den Tomb Raider Filmen, die auf den gleichnamigen Videospielen basierten. Sie zählt zu den schönsten und femininsten Heldinnen der weißen Leinwand und deshalb hat der radikale Eingriff, den sie 2016 an sich vornehmen ließ, wie eine Bombe eingeschlagen. Sie entschied sich, präventiv ihre Brüste amputieren zu lassen, um zu verhindern, dass sie Brustkrebs bekommt. Auf der Grundlage der genetischen Forschung waren die Ärzte zu dem Schluss gekommen, dass das Risiko bei zu bis 87 % lag, dass sie diese Krankheit entwickeln könnte,

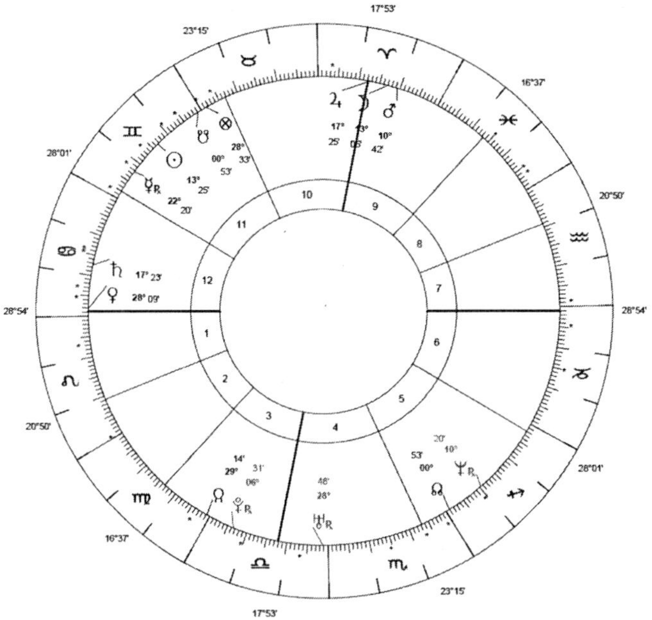

Abb. 20: Angela Jolie, 04.06.1975, 09:09 PDT, Los Angeles, CA

genau wie ihre Mutter. Sie wollte nicht, dass ihre Kinder früh ihre Mutter verlieren so wie es ihr selbst ergangen war, und entschied sich deshalb für diesen radikalen Eingriff.

Nun ist es immer weise, sich auch die Aussagen der regulären Medizin anzuhören, es wäre nicht klug, sie grundsätzlich abzulehnen. In diesem speziellen Fall beruht die »Vorhersage« der Ärzte auf guten Argumenten und solider Forschung. Oft ist diese Art der Prognosen völlig abwegig, aber sicherlich nicht immer. Es scheint daher in diesem Fall gerechtfertigt anzunehmen, dass die Chance, Brustkrebs zu bekommen, wirklich groß ist und dass Angelina Jolie eine Entscheidung getroffen hat, die viel Mut erfordert hat. Es ist natürlich äußerst interessant zu sehen, ob das Horoskop die von den Ärzten vorhergesagten Probleme bestätigt.

Es gibt sofort einen Planeten, der in diesem Horoskop auffällt, und das ist die Venus, die auf dem Aszendenten steht! Das ist sehr passend für eine Schauspielerin, die allgemein für ihre äußere Schönheit bewundert wird. Venus ist natürlich auch die Kunst, die den Schauspielerberuf mit einschließt, aber hier befassen wir uns auch schon mit dem Problem, denn Venus ist der Herr von 4 und anatomisch fallen Brüste unter das vierte Haus. Bis jetzt gibt es noch nichts sehr Beunruhigendes zu sehen, aber diese Venus, Herr von 4, hat keine Würde und durch die Antiszien (Position gespiegelt in der Achse 0° Krebs–0° Steinbock) fällt der Südknoten auf die Venus. Der südliche Mondknoten ist ein Punkt schmerzhafter Begrenzungen und Opfer, aber das ist eine nicht sofort sichtbare Begrenzung, es scheint gut zu sein, aber das ist es nicht. Antiszien wirken oft auf versteckte oder sehr ungewöhnliche Weise.

Das Temperament von Jolie ist sehr phlegmatisch, auf diesem Gebiet gibt es ein deutliches Ungleichgewicht, und da das Wasserelement die allgemeine Wachstumsmatrix ist, sehen wir auch eine Tendenz zu einem zu großen Zellwachstum in diesem Temperament. Aber was uns wirklich beunruhigt, ist die Position des Herrn von 6, der immer der Indikator einer Krankheitstendenz ist. Jupiter, der Planet des Wachstums, ist Herr von 6 und hat keine Würde. Er macht ein Quadrat zu Saturn im Exil im Krebs im zwölften Haus. Es ist dieser Aspekt, der wirklich besorgniserregend ist, weil er das gesamte Saturn-im-Krebs-Thema mit dem Herrn von 6, der Krankheit, verbindet. Saturn ist im Krebs in seiner Vernichtung, daher kann Saturn keine Grenzen mehr setzen, und Krebs hat anatomisch mit den Brüsten zu tun!

Es gibt eine bemerkenswerte Rezeption zwischen Jupiter, dem Herrn von 6, und Saturn. Jupiter steht in dem Zeichen, in dem Saturn im Fall ist, und somit schadet dieser Jupiter Saturn. Dadurch wird das von Saturn angezeigte Problem schlimmer und gleichzeitig herrscht Jupiter durch Erhöhung über Saturn, sodass der Herr von 6 Saturn in der Zange hält. Es ist also eine Häufung von Faktoren, die die genetische Veranlagung für die Entwicklung von Brustkrebs zu bestätigen scheinen.

Es geht um eine peregrine Venus als Herr von 4 (anatomisch die Brüste) im Krebs (auch die Brüste) über Antiszie in Konjunktion mit den begrenzenden Südknoten (Amputation!) in einem unausgewogenen phlegmatischen Temperament und dem ausdehnenden Jupiter als Herr von 6 im Aspekt mit dem grenzenlosen Saturn im Exil (wieder im Krebs = die Brüste). Die so prominente Venus ist Herr des vierten Hauses, das auch die Familienwurzel anzeigt, und in der Tat ist es eine erbliche Veranlagung.

Es gibt natürlich noch viel anderes Interessantes in diesem Horoskop zu sehen, zum Beispiel den starken Mars im Widder, der der Herr von 10, dem Beruf, ist und der auch Herr von 5, der Kreativität ist und der die gewalttätigen Rollen wie die von Lara Croft sehr treffend beschreibt. Aber es ging hier hauptsächlich um die medizinische Deutung und die scheint zu bestätigen, was die Ärzte sagten.

Ein extrem rüstiger Senior

Nach diesen beiden Horoskopen von Prominenten mit gesundheitlichen Problemen schauen wir uns nun das Horoskop eines Klienten an, der in seinem Leben wenig gesundheitliche Beschwerden hatte. Zu der Zeit, als dieses Buch geschrieben wurde, ist er 88 Jahre alt und sehr vital, er spielt sogar noch wöchentlich Tennis. Er ist in gewissem Sinne ein ganz gewöhnlicher Mann, obwohl es natürlich auffällt, dass er bis ins hohe Alter sehr gesund blieb. Ist eine solche starke Gesundheit im Horoskop zu erkennen? Wichtige Punkte, auf die man achten sollte, sind Beschädigungen der Lichter, Sonne und Mond, des Herrn des 1. Hauses und des Aszendenten, das Gleichgewicht im Temperament, die Besetzung des sechsten Hauses und der Einfluss des Herrn von 6 auf Krankheit.

Eines der sicheren Anzeichen für Probleme ist immer der Herr von 1 im sechsten Haus, obwohl gute Aspekte und Rezeptionen eine Menge Entschädigung bieten können. Was auch nicht gut ist, ist ein essenziell schwacher Herr von 6, der im Horoskop viel Einfluss hat, zum Beispiel die Sonne in Wassermann als Herr von 6, der zwei oder drei andere Planeten verbrennt. Algol oder andere bösartige Fixsterne können ebenfalls viel Elend verursachen, genau wie humoral extreme Planeten wie Saturn im Steinbock, der sehr

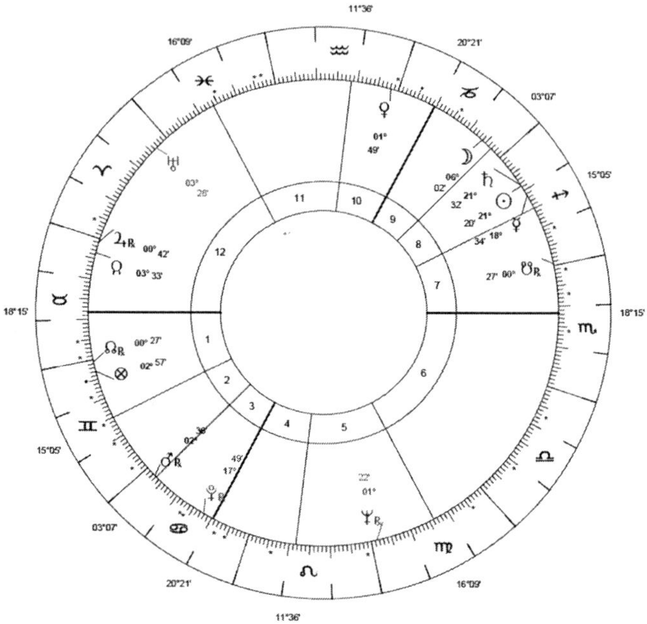

Abb. 21: Rüstiger Senior, 13.12.198, 14:00, Amsterdam

viel schwarze Galle in den Körper bringt, oder Mars im heißen Schützen, der alles verbrennt.

Das Erste, was an diesem Horoskop auffällt, ist das Temperament, das mit drei Faktoren der Erde aus dem Gleichgewicht ist, obwohl das bei Carrie Fisher zum Beispiel stärker war. Das ist an sich nicht so positiv, aber nur wenn andere Faktoren es verstärken, kann es die Grundlage eines wirklichen medizinischen Problems werden. Herr 1 ist Venus, die im zehnten Haus der Arbeit sehr stark steht, auf dem starken Fixstern der Begeisterung, Altair. Dieser Stern ist von der ersten Magnitude und kann sehr viel Erfolg schenken, was dieser Klient in seinem Arbeitsleben auch hatte. Herr 1 ist völlig frei von Beschädigung, aber das gilt nicht in gleichem Maße für den Mond, das »kleine Licht«. Besonders die Opposition mit Mars verursacht Konflikte und kostet Energie. Die Sonne steht sehr speziell, im achten Haus mit Konjunktion zu Saturn und Merkur.

Diese »Konjunktion« mit Saturn ist jedoch bei näherer Betrachtung keine Konjunktion, sondern eine Cazimi-Position! Dies bedeutet, dass Saturn nicht von der Sonne geschadet wird, sondern aufgrund seiner Platzierung im Herzen der Sonne die gesamte Kraft der Sonne erhält. Saturn ist Herr von 10, also trägt dieser Cazimi-Stand sehr zum beruflichen Erfolg bei. Merkur auf der anderen Seite der Sonne ist der Herr von 6, der Krankheit, wird aber von der Sonne knock-out geschlagen. Er ist schwer verbrannt drei Grad von der Sonne entfernt. Er macht keine Aspekte, nicht einmal durch Antiszien, und er disponiert über keinen anderen Planeten.

Kurz gesagt, der Herr von 6 hat kaum Einfluss und das ist natürlich sehr positiv. Außerdem ist der Planetenpunkt von Jupiter (Formel ist Asc + Jup – Pars Solis), wo »Hilfe von oben« gegeben wird, auf dem Aszendenten, dem Körper. Wie immer gibt ein solcher Punkt einen sehr wichtigen spezifischen Akzent, am Jupiterpunkt wird »umsonst gegeben«. Es ist ein Geschenk. Das in Verbindung mit dem Mangel an nennenswerten Beschwerden und dem akzidentell sehr schwachen Herrn von 6 zeigt, dass es wenig Potenzial für große Probleme gibt, sodass das etwas unausgewogene Temperament keine negativen Folgen haben wird.

Als Kontrast kann das nachfolgenden Geburtshoroskop von einem Klienten dienen (Abb. 22), der im Laufe seines Lebens viele Probleme entwickelt hat. Das Temperament ist phlegmatisch-melancholisch, die beiden kalten Elemente dominieren. Das ist nicht so gut und auch andere Faktoren zeigen in diesem Fall eine große Anfälligkeit. Wieder sehen wir einen verbrannten Merkur im Schützen, aber dieser aspektiert mit engem Orbis den Aszendenten, den Körper. Das ist eine Verletzung, Merkur ist im Exil und zeigt seine schlimmste Seite. Aber es ist Venus, der Herr von 1, der die meisten Probleme hat, Venus ist im Exil, rückläufig, hat eine Konjunktion zu Neptun und befindet sich auf der gnadenlosen Südschale! Dies ist eine seltene Ansammlung extremer Verletzungen direkt auf dem Herrn von 1, dem Körper.

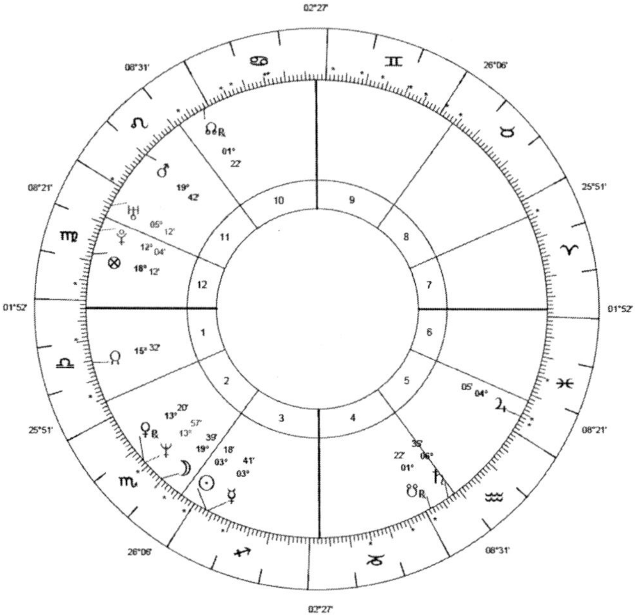

Abb. 22: Klient, 26.11.1962, 2:30, Ede, NL

Verschiedene Stundenhoroskope – Fragen zu Prognosen, unübliche Diagnosen und Behandlungen

Wird die Leberbehandlung Wirkung zeigen?

Es werden regelmäßig auch Fragen über die Wirksamkeit einer Behandlung, die dem Klienten empfohlen wird oder die der Klient durchläuft, gestellt. In beiden Fällen kann die Behandlung im zehnten Haus gefunden werden, also zeigt Herr von 10, wie stark die Behandlung wirkt oder wirken wird. Eine wirksame Behandlung wird von einem Herrn von 10 mit viel essenzieller Würde und positiven Rezeptionen mit dem Herrn von 1, dem Körper und/oder der Ursache der Krankheit gezeigt. Am liebsten sehen wir, dass die

Behandlung, also der Herr von 10, die Macht über den Körper und/oder die Krankheit hat, das heißt, dass Herr 10 über Herr 1 und/oder die Ursache der Krankheit disponiert.

Hinweis: Herr 10 ist niemals die Behandlung, die gegeben werden sollte, weil das auf der Grundlage einer Diagnose entschieden wird. *Wird eine Frage zur Behandlung einer anderen Person gestellt, wird das Horoskop gedreht.* In einem Stundenhoroskop mit der Frage »Wird diese Behandlung meinem Mann helfen?« ist die Behandlung am Herr 4 ersichtlich, also dem gedrehten zehnten Haus vom siebten Haus aus. Zur näheren Erläuterung verweise ich auf mein Buch Klassische Medizinische Astrologie – Heilen mit den Elementen.

Ein gutes Beispiel ist die nächste Frage über die Wirkung einer Behandlung der Leber mit chinesischen Kräutern. Die Leber wurde durch einen längeren Medikamenteneinsatz überlastet, was zu Beschwerden wie extremer Müdigkeit und Hautausschlag führte. Im Horoskop ist Jupiter sowohl Herr 1 des Körpers als auch Herr 10 der Behandlung. Weil wir Körper und Behandlung differenzieren wollen, um zu sehen, wie der eine auf den anderen einwirkt, ist es nicht sofort klar, wie wir deuten sollten. Aber weil der Fokus auf der Behandlung liegt, können wir Jupiter als Herrn von 10 annehmen und sehen, wie er steht. Jupiter hat derzeit Triplizitätswürde in einem Feuerzeichen in einem Nachthoroskop. Das ist ziemlich gut, aber er ist dabei, in sein eigenes Zeichen zu laufen und wird sich daher auf die Dauer stärker auswirken.

In den Fischen kommt auch Herr 10 in das erste Zeichen des ersten Hauses und wird daher seine Wirkung im ersten Haus des Körpers voll entfalten. Jupiter ist gleichzeitig der Körper und auch der Zustand des Körpers. Dieser verbessert sich stark, sobald Jupiter in sein eigenes Zeichen eintritt, dann kommt er in den normalen Gesundheitszustand zurück (rückläufig). Wir müssen uns nicht in technische Notfallverfahren flüchten, wie auch immer wir es betrachten, es sieht sowohl in Bezug auf die Behandlung als auch auf den Körper positiv aus. Der Rat war daher, es zu tun, und tatsächlich hatte die Behandlung großen Erfolg, nach ein paar Monaten war der Klient fast alle seine Beschwerden los.

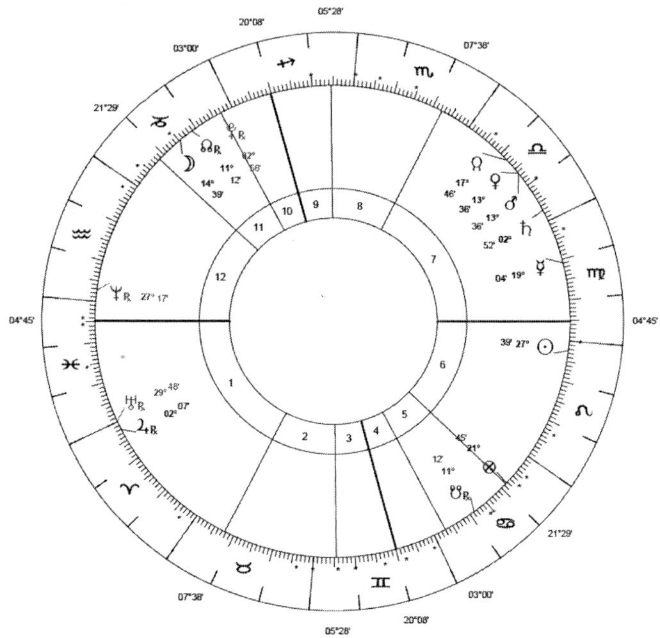

Abb. 23. Leberbehandlung, 20.08.2010, 21:01, Gorinchem. NL

Habe ich Lyme-Borreliose?

Es kommt oft vor, dass Klienten fragen, ob sie eine bestimmte Krankheit haben. Jetzt können Sie als medizinischer Astrologe nur indirekt reagieren, weil die Terminologie der medizinischen Astrologie nicht mit derjenigen der regulären Medizin übereinstimmt. Dieser Klient zeigte wenige Symptome, aber es war zufällig festgestellt worden, dass die Leberwerte viel zu hoch waren. Mehrere Naturheilkundige hatten die Lyme-Infektion unabhängig voneinander diagnostiziert. Das war sehr bemerkenswert, weil dieser Klient nie ein eindeutiges Symptommuster gezeigt hatte.

Das Stundenhoroskop (Abb. 24) zeigt, dass Venus im Steinbock die Ursache ist, es handelt sich also um einen sehr großen Überschuss an schwarzer Galle. Ein sehr schwacher Mars, rückläufig

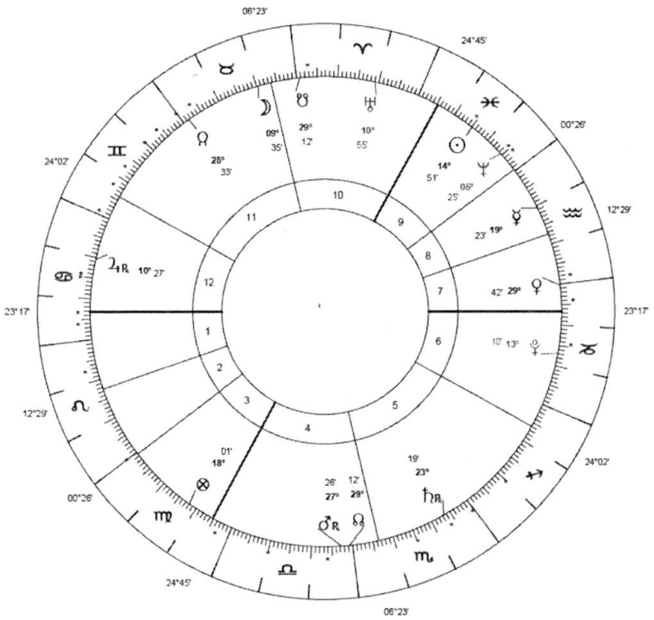

Abb. 24: Habe ich Lyme? 05.03.2014, 13:28, Gorinchem. NL

und im Exil, macht ein Quadrat mit der Ursache der Krankheit, Venus. Und Mars ist Herrscher über das fünfte Haus, das Haus der Leber. Die Krankheit ist also mit der Leber verbunden und im fünften Haus sehen wir Saturn, was auf eine Verdickung oder Austrocknung hinweist.

Die Schlussfolgerung ist daher, dass eine Art Trockenheit der Leber vorliegt und dass Lyme unwahrscheinlich ist. Der Klient beendete die Einnahme der von den Naturheilkundigen verschriebenen Medikamente gegen Lyme und gab eine weitere Leberuntersuchung bei regulären Ärzten in Auftrag. Diese Untersuchung bestätigte das Stundenhoroskop, es stellte sich heraus, dass es sich um eine seltene Leberanomalie handelte, die zu einer Schädigung des Gewebes in der Leber geführt hatte.

Das Leiden ist schwer zu heilen (bestätigt durch den sehr großen Überschuss an schwarzer Galle, der aus dem Stundenhoroskop als

Ursache hervorging), aber dies kann kontrolliert werden. Die Behandlung, die gegeben wird, das sind die Anti-Lyme-Mittel des Naturarztes, Jupiter der Herr von 10. Jupiter ist zwar erhöht, befindet sich aber im ernstlich schwächenden zwölften Haus und er steht völlig still. Diese Mittel bewirken gar nichts, die naturheilkundliche Diagnose war nicht korrekt, aber die verschriebenen Mittel schaden auch nicht, denn es gibt keine negative Rezeption mit dem Herrn von 1 (dem Körper) oder der Ursache. Das Einzige, was unter den Mitteln leidet, ist das Portemonnaie.

Gibt es etwas Ernsthaftes mit meinen Lungen?

Diese Frage (Abb. 25) wurde von einer Patientin gestellt, die in Panik geriet, weil sie eine Woche lang unter Atemnot gelitten hatte und Schleim mit Blut hustete. Sie hatte Angst, dass es etwas sehr Ernstes wie Tuberkulose oder vielleicht Lungenkrebs sein könnte. Es ist klar, dass hier etwas vor sich geht, sie hustet und ist ängstlich, aber wie schlimm ist es? Der kalte und feuchte Mond ist Herr 1 im kalten und feuchten Krebs. Die humorale Natur des Mondes entspricht der humoralen Natur des Krebses, also ist sie nicht ernsthaft krank. Es ist also kein Lungenkrebs.

Aber sie hat etwas und der Mond selbst ist eine ausgezeichnete Beschreibung. Der Mond ist phlegmatisch, der Krebs ist phlegmatisch und der Krebs ist anatomisch die Lunge. Das zeigt genau, was vor sich geht, es gibt zu viel Schleim in der Lunge. Krebs ist kardinal und Wasser, bewegt sich schnell – und das ist richtig, der Schleim wird abgehustet. Krebs ist auch ein Wasserzeichen zu Beginn des Tierkreises und Zeichen des Beginns des Tierkreises zeigen eine leichte humorale Störung an, keine ernste Krankheit wie Krebs. Der Rat war, schnell zum Hausarzt zu gehen, aber ohne Angst vor ernsthaften Beschwerden. Der Hausarzt diagnostizierte Bronchitis, die auf die übliche Weise wirksam behandelt wurde.

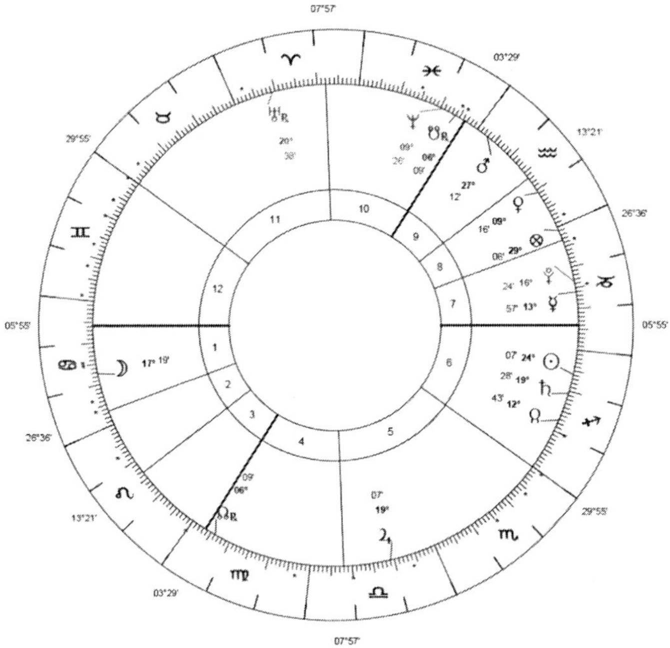

Abb. 25: Habe ich Lungenkrebs?
15.12.2016, 17:08, Frankfurt/Main

Wird meine Genesung fortgesetzt?

Dieser Klient hatte eine lange Periode der Krankheit hinter sich, aber jetzt schien es langsam wieder bergauf zu gehen. War das wirklich der Fall? Der Mond ist Herr von 1, der Klient, und dieser Mond separiert sich von der Sonne, aber er ist immer noch verbrannt. Solange er verbrannt ist, wird er immer noch stark von der Sonne beschädigt, und das läuft durch 8.30 Grad (das ist die Länge der Verbrennungszone). Ab 16.50 Grad Steinbock ist er raus, ungefähr 4.30 Grad von dem Punkt aus, an dem er sich jetzt befindet. Mit Graden als Wochen kommen wir bei Anfang Februar an. Bis dahin war dieser Patient gut erholt. Die Einflusszone der Sonne geht sogar noch weiter, bis zu 17.30 Grad von der Sonne entfernt, der Mond ist in dieser Zone immer noch »unter den Strahlen« der

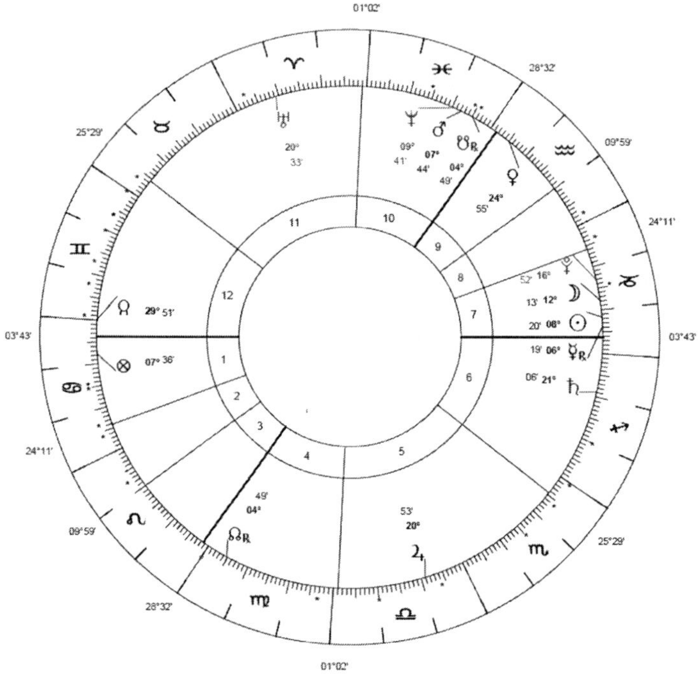

Abb. 26: Wird meine Genesung fortgesetzt?
29.12.2016, 16:08:44, Gorinchem

Sonne. Das ist auch eine Verletzung, aber schwächer als die vollständige Verbrennung.

Es ist gut zu erkennen, dass der Klient eine schwere Zeit hinter sich hat, der Mond/Herr 1 separiert sich nicht nur von einer Konjunktion mit der Sonne, sondern auch von einem Sextil von Mars/Herr von 6, der Krankheit und den Antiszien des Saturn auf 8.54 Schütze. Die Applikation auf Pluto ist irrelevant, denn wir behandeln Pluto in der klassischen Astrologie als Fixstern und nicht als Planet. In der Stundenastrologie sollte ein Faktor wirklich auf Pluto stehen, mit einem Orbis von zwei Grad. In der Radix-Astrologie ist das anders, da kann eine Progression auf einen äußeren Planeten oder einen Stern unbedingt als applizierend gedeutet werden.

Appendix

Nahrungsmittel

In allen Traditionen wird immer viel über die Energie von Lebensmitteln diskutiert, dies ist nun mein neuestes Update. Diese Diskussion hat auch damit zu tun, dass sicherlich nicht alle Lebensmittel eine starke energetische Wirkung haben und daher nicht immer einfach zu klassifizieren sind. Die Energie der Nahrung kann zum Beispiel auch durch scharfe Gewürze und die Zubereitungsmethode beeinflusst werden, so ist Rohkost kälter.

Erwärmend und trocknend

Gesalzener Fisch, Ziege, Hafer, Kirschen, Grapefruit, Brombeeren, Datteln, Tomaten, Zwiebeln, Lauch, Karotten, Pastinaken, Spargel, Radieschen, Knollensellerie, Rettich, Artischocken, Kohlrabi, Avocado, Gurken, Auberginen, alle Nüsse, Sonnenblumenöl, Sesamöl, Honig, alter, trockener Käse, Rotwein, Paprika, Spirituosen, schwarzer Tee, Kaffee, schwere Biere, saures Mineralwasser (niedriger pH-Wert), Honig, raffinierter Zucker, Salz, Senf, Pfeffer, Zimt, Ingwer, Knoblauch, Schnittlauch, Petersilie, Dill, Thymian, Salbei, saure Früchte, Quinoa, Buch, Amaranth.
Scharfer und saurer Geschmack wärmt und trocknet

Wärmend und befeuchtend

Geflügel und Wild, Schaf, Lamm, Forelle, Garnelen, Meeresfrüchte, Fisch im Allgemeinen, Trauben, eingeweichte Rosinen, frische Feigen, Weizen, Olivenöl, reife Oliven, Bananen, Aprikosen, Himbeeren, Rote Bete, Rüben, Schoten, Butter, Eier, Sahne, junger, reifer Käse, Weißwein, süße Mandeln.
Salziger Geschmack wärmt und befeuchtet

Kühlend und befeuchtend.

Schwein, Kalb, Couscous, Reis, Melone, Granatapfel, Erdbeere, Pflaume, Pfirsich, Mango, Kokosnuss, Bohnen, Erbsen, Spinat, Kürbis, Zucchini, Gurke, Kopfsalat, Sojaprodukte, Algen, Pilze, Milch, junger Weichkäse, Joghurt, Quark, Hüttenkäse, Apfelwein, helles Bier, grüner Tee, basisches Mineralwasser (hoher pH-Wert), Sojamilch, unverarbeiteter Zucker, Leinöl, Kokosnussöl.
Süßer Geschmack kühlt und befeuchtet.

Kühlend und trocknend

Rindfleisch, Gerste, Hirse, Linsen, Roggen, Mais, schwarze Oliven, getrocknete Früchte, Quitten, Mispeln, Preiselbeeren, Äpfel (auch abhängig vom spezifischen Geschmack), Birnen, Blumenkohl, Bok Choy, Brokkoli, Sprossen, Chicorée, Kartoffeln, Portulak, Paprika, Endivie, Fenchel, Sellerie, Mangold, schwarze und weiße Bohnen.
Bitterer und adstringierender Geschmack kühlt und trocknet.

Heilende Klänge

Phonophorese

Es gibt zwei Möglichkeiten, mit Klängen auf der Grundlage des Stundenhoroskops zu heilen. Der erste Weg sind die Planeten-Stimmgabeln, die sogenannte Phonophorese. Es gibt eine Stimmgabel je Planet und ihr Klang wird auf der Grundlage der astronomischen Umlaufzeit des Planeten bestimmt, die über eine Formel in eine Frequenz und somit einen Laut umgewandelt wird. Es mag unglaublich erscheinen, aber die Praxis zeigt deutlich, dass es funktioniert. So harmonisiert die Venus-Stimmgabel von 221,23 Hz die Nieren und die Merkur-Stimmgabel von 141,27 Hz die Atemwege. Die Anwendung, basierend auf dem medizinischen Stundenhoroskop, ist unkompliziert. Sobald man herausgefunden hat, welche

Planetenenergie die optimale Heilkraft liefert, nimmt man die Stimmgabel, die zu diesem Planeten gehört. Es gibt verschiedene Möglichkeiten, den Klang in das Körper-Geist-System aufzunehmen. Das Anschlagen der Stimmgabel und die Platzierung am Sternum ist eines der gebräuchlichsten.

Mantras

Mantras sind sehr allgemein formuliert Klänge, die eine bestimmte Wirkung haben, und dieser Effekt kann auch medizinisch angewandt werden. Im Ayurveda wird die Wirkung der Mantras sehr spezifisch in Verbindung mit den planetarischen Kräften und den Doshas formuliert, wodurch es möglich ist, Mantras auf der Grundlage einer medizinisch-astrologischen Diagnose zu verschreiben. Schließlich können wir eine Diagnose in Form von Humoren und Planeten in eine Diagnose in Doshas übersetzen. Die wichtigsten Mantras sind:

Om – allgemein harmonisierend, Sonne, trägt Prana.

Shriem – Venus/Mond – kühlend.

Ram – reduziert Vata, befeuchtet und wärmt (ausgesprochen wie im Englischen *father*).

Hoem – wärmend, verstärkt Agni, das Verdauungsfeuer, schützt vor negativer Energie.

Eym – Merkur – bei nervösen Störungen.

Kriem – erwärmend, Aktion, Arbeit.

Kliem – starke erwärmende Kraft, sexuell stärkend.

Shum – Saturn, beruhigend, kühlend.

Hriem – entgiftend, energetisierend, Freude.

Haum – Kraft, Weisheit, Transzendenz.

Um eine klare Wirkung zu erzielen, müssen die Mantras mehrmals wiederholt werden, auf Youtube kann man viele Lehrfilme finden.

Über den Autor

OSCAR HOFMAN ist der Gründer der *Internationalen Fernschule für Klassische Astrologie.* Das Kursprogramm der Fernschule wird weltweit in mehr wie 30 Ländern in 6 Sprachen angeboten. Es gibt Kurse in Stundenastrologie, medizinischer Astrologie, Geburts-/Elektionsastrologie und Mundanastrologie, die alle per E-Mail gegeben werden. Von seinem Buch KLASSISCHE MEDIZINISCHE ASTROLOGIE – HEILEN MIT DEN ELEMENTEN (2007) erschienen englische, französische, russische und chinesische Übersetzungen. Im Jahr 2013 erschien FIXSTERNE IM HOROSKOP – MYTHOLOGIE, MONDHÄUSER UND KONSTELLATIONEN, von dem auch französische, russische und deutsche Übersetzungen erschienen sind. Er schreibt regelmäßig in astrologischen Zeitschriften im In- und Ausland. Er hat eine astrologische Praxis mit Klienten auf der ganzen Welt und veröffentlicht wurden
Für weitere Informationen über das vollständige Ausbildungsprogramm oder für Beratungen:
Telefon 0031-183-649405, Mails oshofman@xs4all.nl oder Website: www.pegasus-advies.com. Hier finden Sie auch die Workshop-Agenda für das In- und Ausland.

Unter »Kruiden em medische begrippen« auf der Website kann eine umfangreiche Liste in drei Sprachen mit dem humoralen Effekt und der planetaren Energie einer ganzen Reihe von Kräutern gefunden werden.

Literatur

Alexander von Bernus, *Alchymie und Heilkunst*, Dornach 1994 (erste Privatauflage 1936).

Hildegard von Bingen, *Das Buch von den Steinen* (12. Jahrhundert), Salzburg 1997.

Al Biruni, *Elements of the Art of Astrology*, London 1934, (reprint 2006).

Joseph Blagrave, *Astrological Practice of Physick* (1671), Bel Air, MD 2011.

Hakim G.M. Chisti, *The Traditional Healer's Handbook,* Rochester, Vermont (VS) 1988.

Nicholas Culpeper, *Complete Herbal*, Herfordshire, 1995.

Nicholas Culpeper, *Astrological Judgement of Diseases from the Decumbiture of the Sick* (1655), Bel Air, MD, 2003.

Firmicus Maternus, *Die Acht Bücher des Wissens – Matheseos Libri VIII* (4. Jh.), Tübingen 2008.

David Frawley, *Ayurvedic Healing, a comprehensive guide*, Twin Lakes (VS), 2000.

John Frawley, *Die Wahre Astrologie*, Bad Kreuzanch, 2008

John Frawley, *Die Wahre Astrologie Angewandt*, Düsseldorf 2011.

John Frawley, *Die Wahre Stundenastrologie*, Stromberg, 2009.

Claudius Galenos, Hippokrates u.a., *Der Krankheitsverlauf im Horoskop – Quellentexte zum Decumbitur*, Tübingen 2009.

Friedemann Garvelmann, *Pflanzenheilkunde in der Humoralpathologie*, 2000.

Michael Gienger, *Steinheilkunde*, Saarbrücken, 1995.

Michael Gienger, *Lexikon der Heilsteine*, Saarbrücken, 1996.

Werner Hemm und Stefan Mair, *Praktische Biochemie nach Dr Schüßler,* München 2010.

Peter Hochmeier, *Der Weg des Sonnenfunken*, Schiedlberg 2005.

Oscar Hofman, *Klassische Medizinsche Astrologie – Heilen mit den Elementen*, Tübingen 2007.

Oscar Hofman, *Die Fixsterne im Horoskop – Mythologie, Mondhäuser und Konstellationen*, Tübingen, 2016.

Abraham Ibn Ezra, *The Beginning of Wisdom* (12. Jh) Arhat 1998.

Harish Johari, *The Healing Power of Gemstones in Tantra, Ayurveda and Astrology*, Rochester, Vermont, 1988.

Andreas Jopp, *Risikofaktor Vitaminmangel*, Stuttgart, 2014.

Bernard Kranzberger und Stefan Mair, *Pflanzenmonographien*, München 2000.

Thomas Künne. *Die Schwingung der Archetypen – Die Resonanz der Planetentöne in Astrologie, Mythologie und Klangarbeit*, Tübingen 2015.

William Lilly, *Christliche Astrologie, Buch 1 und Buch 2* (1647), Tübingen 2007.

William Lilly, *Christliche Astrologie, Buch 3* (1647), Tübingen,

Richard Saunders, *The Astrological Judgement and Practice of Physick* (1677), Abingdon, MD, 2003.

Djalaloed-dien 'Abdoer-Rahman As-Soejoethi, *de Geneeskunde van de Profeet* (15, Jh.) Delft 2004.

Wighard Strehlow, *Die Psychotherapie der Hildegard von Bingen*, Stuttgart, 2004.

Wighard Strehlow, *Die Edelsteinheilkunde der Hildegard von Bingen,* Stuttgart, 2004.

Michael und Lesley Tierra, *Chinese Traditional Herbal Medicine Vol. 1*, Twin Lakes (VS), 1998.

Lisette Timmermans, *Handboek Geneeskruiden,* Deventer, 2004.

Graem Tobyn, *Culpeper's Medicine*, Shaftesbury, 1997.

Oscar Hofman

Klassische medizinische Astrologie

Heilen mit den Elementen
232 Seiten, Hardcover,
ISBN 978-38997-192-7

In diesem Buch stellt Oscar Hofman eine praktische Diagnose und die Behandlung mit Hilfe des Horoskops vor. Dabei spielen vor allem die Elemente eine wichtige Rolle. Astrologisch lässt sich nach der Diagnose auch eine Prognose über den Verlauf der Krankheit erstellen. Je nachdem, welches Element aus dem Gleichgewicht ist, sind andere Behandlungsmethoden angezeigt. Außerdem gibt das Buch auch einen Einblick in die Planetensymbolik von Edelsteinen und die Seelentherapie nach Hildegard von Bingen. Ferner kommt die Terminwahl für Operationen zur Sprache.

»Ein sehr gutes Einführungswerk in die traditionelle medizinische Astrologie und garantiert eine Bereicherung für jeden Astrologen, der sich für dieses Thema interessiert«.

- Astrologie Heute Nr. 2/2011 -

CHIRON VERLAG

CLAUDIUS GALENOS, HIPPOKRATES, NICHOLAS CULPEPPER

Der Krankheitsverlauf im Horoskop

Quellentete zum Dekumbitur
144 Seiten, Hardcover,
ISBN 978-38997-173-6

Der vorliegende Band bietet eine Reihe von klassischen Texten zum Dekumbitur, dem Horoskop über den Beginn einer Krankheit. Enthalten ist ein dem berühmten Arzt Claudius Galen zugeschriebener Text über die »Prognosen zum Dekubitus«. Hippokrates befasst sich mit den Beziehungen des Mondes zu den Krankheiten. Das im 15. Jh. bedeutendste Buch zur Medizin überhaupt, stammte von dem Franzosen Jean Ganivet und trug den Titel »Amicus Medicorum«. Es enthält das berühmte Beispiel einer eingetroffenen Krankheits-Prognose, das ebenfalls im vorliegenden enthalten ist. Andrea Argolus, einem im 16. Jahrhundert in Italien wirkender Astrologe, verfasste einen Beitrag über die »Kritischen Tage«. Nicholas Culpeper, der berühmteste Arzt Englands, zeigt eine Methode, um die Ursachen und den Umschwung einer Krankheit zu erkennen

»Für jeden, der sich für klassische medizinische Astrologie interessiert, hat diese bündige Sammlung von Quellentexten viel zu bieten und regt zu weiteren Studien an.« - Oscar Hofman in MERIDIAN 6/2011 -

CHIRON VERLAG